ちくま新書

――私のテレビ桟敷

小谷
Koyano

1557

大相撲40年史——私のテレビ桟敷【目次】

序言

栃赤城という力士がいた。下の名前ははじめ雅男、のち敬典《たかのり》とした。しこ名から分かるとおり、春日野部屋の力士で、群馬県沼田市の出身である。

一九七九年、私は高校二年生だったが、栃赤城の奇妙な相撲を見て、大相撲に目ざめたのである。「サーカス相撲」と呼ばれ、後ろ向きになってからが本領発揮と言われた。大関候補とも言われたが大関になれなかったどころか、十両、幕下、三段目と陥落し、ついに廃業、親方にもならず実家の洋品店へ帰って手伝いをしていたが、四十二歳で死去した。

栃赤城

柔道出身であるところから来た変則相撲で、あとで考えたらあれで大関は張れないし、相撲の本道でもなかった。だが、私が相撲を見るようになったのは、この栃赤城がきっかけだったのである。

凝り性の私は、穴あきファイルに、幕内力士一人あたり一枚のカードを作り、毎場所の成績をつけ始めた。十年もたたないうち、さすがに全成績を記すのは横綱・大関だけになりはしたが、カード作りは今でもやっていて、番付発表があると書き換え、ファイル内での順番を取り換える。

実はこの時、私には純粋な興味以外に、ある目論見があった。世間話のネタにしようというのである。当時私は、人と世間話ができないという悩みがあった。特に私はプロ野球が嫌いだったのだが、女性には分からないだろうがプロ野球を観ないで生きるというのは昭和の男子にとってはかなりのハンディキャップであった。それでもやっぱり観たくないから、相撲で代用することを考えたのである。この目論見はある程度当たったような気がするが、より深く考えてみると私は「世間」が分かっていなかったのだろう。

その当時、相撲雑誌というのは三種類はあった。読売新聞社の『大相撲』、ベースボールマガジン社の『相撲』、日本放送出版協会の『グラフNHK大相撲特集号』（のち『別冊NHKウィークリーステラ大相撲特集』）である。読売とNHKのものは今では休刊で、『相撲ファン』（大空出版）や『スポーツ報知　大相撲ジャーナル』などが出ている。当初私は隔月刊の『グラフNHK』を買っていたが、のち『大相撲』、休刊後は『相撲』に変えた。とはいえ、それも、「全相撲人名鑑」がついている時だけ買うようになってしまった。

時津風部屋で新弟子への暴行致死事件があったり、八百長疑惑で場所が中止になったりして、相撲から心が離れたことがあった。しかしやはり場所が始まると六時前にはテレビを観ていたし、千秋楽になると来場所の番付予想をしていた。
だが世間には私などより相撲に詳しい人は角界以外でも結構いて、デーモン小暮もそうだが能町みね子さんとか、明らかに私より詳しい。しかしそのことはともかく、四十年相撲を観てきたわけだから、通史的にまとめて、自分の頭の中でも再確認してみたくなったというところである。なので中途半端なようだが、一九七九年から、この歴史は始まる。

凡例
・本文中、太字表記は優勝力士を示す。
・力士のイラストは著者の自筆のものである。

第一章

四横綱時代から千代の富士時代へ

一九七九年初場所は、三横綱三大関だった。横綱に輪島、北の湖、二代目若乃花、大関に初代貴ノ花、旭國、三重ノ海がいた。年六場所制で、一月、五月、九月は東京の蔵前国技館、三月春場所は大阪、七月は名古屋場所、十一月は九州場所である。かつての相撲は年二場所の上、一場所が十日だったから、力士は一年に二十日相撲をとればいいとされており、そのために「一年を二十日で暮らすいい男」と言われたものだが、実際にはそのほかに巡業などがいくらもあった。明治に入って東京と大阪の相撲が合体して日本相撲協会ができ、はじめは両国の回向院《えこういん》で野天でやっていたが、明治四十二年（一九〇九）に両国国技館が完成した。これは第二次大戦の時に焼け、以後蔵前で興行されてきた。

この七月名古屋場所では、三十一歳と同年の輪島と三重ノ海の競り合いになり、千秋楽、三重ノ海が本割で輪島を破ってともに十四勝一敗となり、優勝決定戦を**輪島**が制し、夏場所で一点（一勝差）の準優勝だった三重ノ海は、場所後横綱に昇進した。この優勝なしでの横綱昇進は今の基準で見るとゆるい。もっとも、一度も優勝せず横綱になった北尾（双羽黒《ふたはぐろ》）に比べると、三重ノ海は関脇時代に優勝経験がある。

北の湖は名横綱に数えられるが、所属は大関・先代増位山の三保ヶ関部屋、出羽海一門である。三重ノ海は出羽海部屋、輪島は花籠《はなかご》部屋で二所ノ関一門、若乃花は二子山部屋でやはり二所ノ関一門である。

当時から現在まで、相撲の本場所は部屋別総当たり制になっているが、以前は一門が同じだと本場所では当たらなかった。この一門というのが、出羽海、二所ノ関、高砂、時津風があり、あと立浪・伊勢ヶ濱・宮城野というのが連合を組んでいたのだが、今では立浪部屋が二所ノ関一門になってしまっている。この当時は横綱は出羽、二所の独占だったわけだ。元横綱貴乃花が、この一門制度を打破しようとして敗れたのも記憶に新しい。一門所属の親方の数は、理事選でものを言うが、もともと出羽海一門は親方数が多かったのが今ではさらに多くなっている。

二所ノ関一門から出たのが花籠部屋で、これは戦前にもあったが、二所ノ関部屋の幕内力士・大ノ海が戦後興して、そこから横綱の初代若乃花が出て、若乃花が引退後、二子山部屋を興し、そこから多くの幕内力士や横綱・大関が育った。それまで相撲部屋は両国周辺にあったが、花籠部屋は阿佐ヶ谷に作られ、二子山部屋も近くの成田東《なりたひがし》だったため、「阿佐ヶ谷勢」と言われ、優勝力士が阿佐ヶ谷勢から出ると、優勝杯が阿佐ヶ谷へ渡ったと言われたものだ。大関・貴ノ花は、そこから離れた中野新橋に藤島部屋を作った。

中でも二子山親方の実弟の大関・貴ノ花は甘

北の湖

若乃花（2代）

いマスクでスター性があり、輪島と並んで「貴輪《きりん》時代」などと言われたりした。とはいえこの初代貴ノ花は、優勝二回で、そう強かったわけではない。この貴ノ花の顔だちは、徳川時代の二枚目タイプで、次男の横綱貴乃花とは違っている。

当時、リン・スターム・レビィという、相撲の絵を描く女性がいた。一九四六年米国生まれで、来日して松岡リンとなったのは力士の巖虎《いわとら》（本名・松岡）と結婚したため。七四年から相撲絵を描いていた。この人はちょっと変わった文章も書く人で、こんなことを書いていた。貴ノ花人気にリンは反感を抱いていて、顔がいいからみな持ち上げているだけだ、と思っていて、力士控室でスケッチをしていたら、貴ノ花から「襟が汚れているよ」と言われた。リンはイライラしていて「ソレガナンダヨ」という、日本人から教わった言葉を口にしたら、貴ノ花はそっぽを向いてしまった。その人は「ただし女の人は使っちゃいけない言葉だ」とは教えてくれなかった、などと書いていた。いや、そういう問題じゃないだろう、と思ったものだ。リンはその後貴ノ花への偏見を改めたという。

これより前にいた横綱が、二所ノ関一門の佐渡ヶ獄《さどがたけ》部屋の琴櫻である。宝井《たからい》琴櫻という女性講談師が、「宝井キンオウでございます。コトザクラではございません」と自己紹介するが、これも近年は横綱琴櫻を知らない人が増えてきているだろう。琴櫻の師匠は琴錦で、琴櫻は大関が長く、横綱になったのは三十三歳で「うば桜」などと言われ、一年ちょっとで引退した。引退後は白玉部屋を興す予定で、内弟子に琴風がいたが、引退の十日後に師匠の佐渡ヶ嶽が急死して、急遽佐渡ヶ嶽部屋を継ぐことになった。

三重ノ海が横綱となり四横綱時代になった最初の場所が秋場所だったが、大関の旭國は途中休場してそのまま引退し、大関は貴ノ花一人となり、新大関誕生への期待が高まっていた。当時関脇あたりで活躍していたのが、栃赤城、隆の里、増位山らである。

大相撲で「三役」というのは、大関、関脇、小結のことで、横綱というのはもともとは地位ではなく、強い大関に与えられた称号だった。軍隊における「元帥《げんすい》」みたいなものである（元帥が階級になる場合もあり）。そのため、千秋楽最後の「これより三役」は、三つの取り組みがあり、勝者には「小結に叶う」「関脇に叶う」「大関に叶う」として太刀などが行司から渡されている。

だから、横綱はいなくてもいいが、大関は二人いなければならず、この時貴ノ花が一人大関になったため、最下位の横綱は「横綱大関」として番付に表示された。八一年秋場所には、千代の富士が横綱に昇進して大関不在になったため、三横綱のうち北の湖と千代の富士が「横綱大関」になり、琴風、隆の里と大関が二人そろった八二年春場所を最後に、二〇二〇年春場所まで「横綱大関」が出たことはなかった。

さて、横綱はいったんなってしまえば陥落することはない。負けが込めば休場するが、あまり休場を続けるわけにもいかないから、若くして引退ということもあるし、かつての栃ノ海のように、横綱を返上したいと言い出すこともある。大関となると、二場所連続で負け越すと陥落するので、一場所負け越した大関を「角番《かどばん》」というが、この語源は、角に追い詰められたから、など諸説ある。陥落すると次の場所は関脇になるが、ここで十勝すれば大関に復帰できる。なおこの当時は、大関が陥落した場合、ほかの普通の関脇二人に対して三人目の関脇になっていたが、のち、陥落関脇を含めて二人とされるようになった。

関脇以下は、負け越せば下へ落ち、勝ち越せば上がるという制度で、八勝七敗なら「一点の勝ち越し」、七勝八敗なら「一点の負け越し」、六勝九敗なら「三点の負け越し」から、一勝十四敗で「十三点の負け越し」まであり、一点の負け越しなら次の場所では番付が一枚下がるのが原則になっているが、もちろん原則通りにはいかない。私はいっぺん原則通りやってみたら、平幕の中ほどに団子状態になってしまった。

関脇なら、一点の負け越しでは小結にとどまることも多い。また近頃はどういうわけか、一点の負け越しだと現状にとどまることが平幕でも多くなっている。

当時の理事長は、元横綱・栃錦の春日野親方であり、栃赤城の師匠である。小兵ながらしぶとく、初代若乃花と栃若時代をなし、栃錦は「マムシ」、若乃花は「土俵の鬼」のあだ名で呼ばれた。「マムシ」は、食らいついたら離れないといったイメージか。美濃の戦国武将・斎藤道三が、坂口安吾の『信長』でマムシと呼ばれ、のち司馬遼太郎の『国盗り物語』で定着するが、安吾のほうは時代的には関係ありそうだが、分からない。「土俵の鬼」のほうは、大関時代、横綱昇進のかかる場所の前に、幼い長男を部屋での事故で亡くしている。ちゃんこの準備がされている間、若い弟子と遊んでいた子供は、後ろ向きに歩いていて煮立ったちゃんこ鍋の中へ後ろから突っ込んでしまい、全身火傷のため苦しみながら死ぬという凄絶な最期で、若ノ花（当時の表記）は片手に数珠を掛けて場所入りし、一言も言葉を発さないという悲壮ぶりだった。なお若乃花はこの事故の悲しみのためか霊友会という新宗教に入り、二子山親方時代は、節分になると部屋の力士が霊友会へ行って豆まきをしていたから、相撲雑誌で見て私は奇異に思ったものだ。

栃錦の師匠は横綱・栃木山で、以来今日まで、春日野部屋の力士は「栃」を頭につけたしこ名になることが多い。こういう「部屋通字」は、琴櫻の佐渡ヶ嶽部屋では「琴」、玉錦の片男波《かたおなみ》部屋では「玉」、千代の富士が継いだ九重部屋では「千代」などがあり、こういう力士は所属部屋が分かりやすいが、まったく特徴のない部屋もある。

ところでテレビ放送が始まる前は、国技館へ行かない人はどうやって相撲を楽しんでいたかといえば、ラジオ放送だが、あわせて雑誌や新聞で見る力士の姿、またニュース映画で見られる動く力士などから想像をめぐらしていたのだろう。一九三九年の一月場所で、六十九連勝していた横綱・双葉山が安藝ノ海に敗れたのなど、ラジオで聴いたという話が多い。

一九七八年はじめ、大関陣が高齢化しているところから新大関の期待がかけられたのは、初場所、前頭三枚目で十勝し、小結に上がって八勝した蔵間だったが、関脇に上がると三勝十二敗と大負けしてしまい、以後二度と大関の声はかからなかった。

七八年は初場所から秋場所まで北の湖が五連覇し、年間全場所制覇が期待されたが、九州場所では若乃花に譲った。それまで、優勝回数では大鵬の三十二回がダントツで、続くのは双葉山の十二回だったが、この時北の湖が双葉山を抜き、輪島も七九年に抜く。輪島は日大出身の学生横綱である。相撲にはプロの大相撲、アマチュアの実業団相撲、学生相撲とあり、これ以後、学生相撲からプロ入りが続く。力士の多くは前相撲から始めて、序ノ口、序二段、三段目、幕下と上がってくるが、学生相撲でしかるべき成績を上げてきた者は幕下付け出しで出発することになっており、七九年当時は近畿大学の長岡が幕下付け出しから勝ち進んで平幕・朝汐となっていた。

七九年秋場所は**北の湖**の優勝で、栃赤城は負け越し、関脇では隆の里が勝ち越した。九州場所は**三重ノ海**が横綱で初優勝、関脇・隆の里は負け越して増位山が十一勝をあげる。

†一九八〇年——千代の富士の台頭

八〇年初場所は**三重ノ海**が全勝優勝して連覇し、栃赤城と増位山が関脇で十一勝、十二勝をあげ、場所後増位山は大関に昇進した。しかし前の三場所の勝ち星合計は三十一勝と少なく、貴ノ花が一人大関だったため有利な昇進だった。もっとも大関昇進の目安を三場所で三十三勝と言われるようになるのはこのあとで、魁傑は三十勝、佐田の山は三十勝、北葉山や北の富士は二十八勝で大関昇進しており、昔より厳しくなっているのは確かである。

増位山は北の湖の師匠・三保ヶ関親方の息子だから、引退後は部屋を継げばいいし、ハンサムで歌もうまくてレコードを出して人気者という幸運力士だった。大関で優勝もせず引退した。なお引退後の力士は、在職中の最高位で「元関脇」などと呼ばれるのが普通で、幕内上位で活躍していればだいたい関脇くらいにはなるから、元小結とか元前頭というのは、あまり実力はなかった力士とみていい。

春場所は**北の湖**の優勝だが、増位山は途中休場、いきなり角番になってしまった。その七日目、北の湖—黒瀬川の一戦が面白かった。時間いっぱいで蹲踞《そんきょ》、普通ならすぐ立つところだが二人とも立てない。こういう場合「待った」になるのだが、そうもならず、二十

東			西		
横綱	●三重ノ海	出羽海 32	横綱	◎北の湖	三保関 26
張出横綱	○若乃花	二子山 26	張出横綱	○輪　島	花籠 32
大関	●増位山	三保関 31	大関	○貴ノ花	二子山 30
関脇	●栃赤城	春日野 25	関脇	○荒　勢	花籠 30
小結	●巨　砲	大鵬 23	小結	●出羽の花	出羽海 28
前頭 1	○琴　風	佐渡嶽 22	前頭 1	●魁　輝	友綱 27
前頭 2	●黒瀬川	伊勢濱 28	前頭 2	○朝　汐	高砂 24
前頭 3	○千代の富士	九重 24	前頭 3	●富士櫻	高砂 32
前頭 4	●青葉山	木瀬 29	前頭 4	●栃　光	春日野 27
前頭 5	●三杉磯	花籠 23	前頭 5	●満　山	大鵬 24
前頭 6	○鷲羽山	出羽海 30	前頭 6	○高見山	高砂 35
前頭 7	○玉ノ富士	片男波 30	前頭 7	●隆の里	二子山 27
前頭 8	○蔵玉錦	鏡山 27	前頭 8	●豊　山	時津風 32
前頭 9	○鳳　凰	二所関 23	前頭 9	○天ノ山	時津風 26
前頭 10	○麒麟児	二所関 27	前頭 10	○黒姫山	立浪 31
前頭 11	○照の山	立浪 25	前頭 11	○闘　竜	三保関 21
前頭 12	○青葉城	押尾川 31	前頭 12	●琴　若	佐渡嶽 25
前頭 13	●双津竜	時津風 30	前頭 13	○蔵　間	時津風 27

1980 年 3 月場所番付（増位山大関昇進時）

＊◎＝優勝、○＝勝ち越し、●＝負け越し、数字は年齢

五秒睨みあってからようやく立ったが、北の湖がすぐに寄り切った。アナウンサーがその時、「北の湖の肺活量に黒瀬川が敗れた」と言った。蹲踞している間は息を詰めているから、そういうことになる。月曜に学校へ行って、「黒瀬川かわいそうだったね」などと話したが、のちに私は、これは「恋愛」に使える、と思うようになったのである。焦ってこちらから連絡してしまったら負け、という時がある。そういう時、肺活量があって、相手から言ってくるのをじっと待てれば優位に立てる、ということである。まあしかし、恋愛というのはダメな時はダメなものだが、「待つ力」というのは時どき仕事でも重要になるから、この逸話をもとに「待つ力」という新書を書こ

うかと考えたが、一冊分にする自信がないのでやめにしたのが二〇〇七年ころで、その後春日武彦がこの題の新書を出した。

黒瀬川は、伊勢ヶ濱部屋の力士で、顔つきが渋くて私は好きだった。前の伊勢ヶ濱親方が清瀬川だったのでこのしこ名であり、はじめ清瀬川と同じ楯山部屋にいた幡瀬川《はたせがわ》もこれにちなんでつけたもので、ほかに伊勢ヶ濱部屋の広瀬川、若瀬川もいる。もっとも「喜瀬《きせ》川《がわ》」とすると花魁《おいらん》のようだな、と思ったことがある。

その翌日の八日目だったと思うが、輪島─琴風の壮絶な一番があった。水入りにはならなかったが数分かかり、輪島が寄り倒したが、二人ともしばらく立ち上がれなかった。

その琴風は夏場所に関脇に返り咲いた。七八年にいったん関脇になったが、その後けがのため幕下三十枚目まで落ち、戻ってきた。当時「地獄を見てきた男」などと言われたが、その後は大関・照ノ富士がもっと下の序二段まで落ちて戻ってきたりしているので、今では琴風程度で「地獄を見てきた」とは言えないだろう。優勝は**北の湖**。この夏場所六日目の五月十六日に、社会党提出の内閣不信任案が自民党内の造反で可決され、大平正芳内閣が衆議院を解散したが、選挙中に大平が急死し、同情票が集まって自民党の圧勝となる。

この夏場所前に出た小学館の『週刊ポスト』が、大相撲における

琴風

八百長の告発を行ったのが同誌の八百長撲滅キャンペーンの第一弾だった。五月二日号というから四月十九日（土曜）に出たものだ。それから三十五週にわたって連載は続き、『週刊ポスト』は以後も断続的に角界浄化・八百長撲滅キャンペーンの記事を載せた。『新版「週刊ポスト」は大相撲八百長をこう報じてきた』（小学館101新書）にいくつかの重要な記事と、その間の経緯が書いてある。

前年の秋場所千秋楽、七勝七敗で迎えた六人の力士が全員勝ち越すということが起きた。小結・増位山、平幕・出羽の花、双津竜《ふたつりゅう》、青葉山、照の山（岩波）、鷲羽山《わしゅうやま》の六人である。現在では千秋楽にはなるべく七勝七敗同士を合わせるようになっているが、当時はそうではなかったのである。そこで編集部は八百長疑惑について取材をし、元十両・四季の花範雄の証言を得てこれを紹介した。八百長の仲介役を「中盆《なかぼん》」といい、力士同士で星の売り買いをする。隠語で八百長のことを「注射」といい、四季の花は一九六〇年ころから引退した七三年まで中盆をしており、三人の横綱と二人の大関を作ったという。北の富士、琴櫻、玉の海と、前の山、大麒麟のことである。ここでは、「栃赤城も絵図が下手だったから大関になれなかった」などと書いてあった。

これ以前の八百長疑惑では、一九六三年秋場所、横綱・柏戸が千秋楽に大鵬を破って全勝優勝した。石原慎太郎が「日刊スポーツ」でこれを八百長だとし、時津風理事長（双葉山）の相撲協会は石原らを名誉棄損で刑事告訴した。大映の永田雅一が間に入って仲介し、石原が「間違いだった」との謝罪文を掲載することで、和解が成立している。

『週刊ポスト』の連載は反響を呼び、自民党の三塚博《みつづかひろし》、公明党の草川昭三などの政治家も登場し、文部省でも問題になったが、相撲協会では「八百長は断じてない」の一点張りだった。連載のほうでは、元力士だった、元幕内・禊鳳《みそぎどり》（九重部屋）、元十両・八竜（時津風）、元十両・春日竜（春日野）、元幕内・琉王（朝日山）、元幕下・谷ノ海（二所ノ関・押尾川）が次々と証言した。八一年には、定年になっていた二十六代・木村庄之助が登場して証言したから驚かされる。

名古屋場所では朝汐が関脇に上がってきた。秋場所は若乃花が優勝、関脇の栃赤城は途中休場したが、小結の千代の富士が十勝、前頭筆頭の隆の里が十三勝と活躍した。名古屋場所中の七月十七日、中曽根か河本か宮澤かという予測を裏切って鈴木善幸が内閣総理大臣になるが、その翌日が場所十三日目で、前頭二枚目・千代の富士と、同張り出し栃赤城の対戦があった。栃赤城の目まぐるしいサーカス相撲で土俵じゅうを走り回ったあげく、千代の富士が土俵際でまっさかさまにされて栃赤城の勝ちとなったのを、私は鮮やかに覚えている。だが、その後の勝利者は千代の富士であった。

当時は公傷制度というのがあり、本場所の相撲でケガをした場合、一場所全休しても元の地位に留まれる制度で、その場合前頭二枚目なら二枚目に本来の二人のほかに張り出された。だがのち制度が濫用されていると見なされて、二〇〇三年にこの制度は廃止された。

千代の富士は九重部屋の力士で、先代九重親方だった横綱・千代の山と同じ北海道松前郡福島町の出身で、細身ながら強い筋肉を見込まれて入門。兄弟子に横綱・北の富士がおり、有望株として二人のしこ名をあわせて千代の富士を名のったが、それ以前に、中途でやめた別の千代の富士がいたという。

力士の場合、幕下以下で辞めてしまった力士の名前もあるので、正確に何代目か数えられないこともある。朝潮のような由緒あるしこ名ならいいが――。さて千代の富士は、このころまで最高位が小結、派手な投げを得意としたが、そのため肩を脱臼《だっきゅう》する癖がつき、伸び悩んでいた。七七年には恩師の千代の山が五十一歳で死去し、引退後井筒部屋を興していた北の富士が、両部屋を合併して新・九重部屋とし、親方になった。

実のところ、この段階で、千代の富士が大横綱になるとは、あまり思われていなかった。千代の富士は、脱臼癖の反省から相撲を変え、前褌《まえみつ》をとって前に走る相撲に型を変えてのしあがってきた。その風貌から北の富士が「ウルフ」と呼んだ。

千代の富士が台頭してきたころ、千代の富士が北の富士と一緒にいるところへ貴ノ花が来て、「親方、千代の富士は大関になれますよ。ただし、タバコをやめればね」と言った。

場所	幕内最高優勝	三賞
1月場所	三重ノ海剛司（15戦全勝③）	㊮栃赤城、㊫琴風、金城、㊙増位山
3月場所	北の湖敏満（13勝2敗⑱）	㊮朝汐、㊫琴風、㊙千代の富士
5月場所	北の湖敏満（14勝1敗⑲）	㊮琴風、朝汐、㊫栃光、舛田山
7月場所	北の湖敏満（15戦全勝⑳）	㊮朝汐、㊫栃赤城、隆の里、㊙千代の富士
9月場所	若乃花幹士（14勝1敗④）	㊮隆の里、㊫青葉山、隆の里、㊙千代の富士
11月場所	輪島大士（14勝1敗⑭）	㊮隆の里、舛田山、㊫佐田の海、㊙千代の富士
年間最多勝＝北の湖敏満（77勝13敗）		

1980年本場所

＊丸数字は優勝回数。㊮＝殊勲賞、㊫＝敢闘賞、㊙＝技能賞。

北の富士は、「じゃあ、お前もタバコをやめたら横綱じゃないか」と軽口で答えたという。だが、千代の富士は尊敬する貴ノ花の言葉としてタバコをやめ、大関から横綱へ駆けあがったというのだが、当の貴ノ花は自分ではタバコをやめなかったということになる。

隆の里は、二代若乃花と一緒に青森県でスカウトされて上京した。昔は、中学校を卒業すると角界入りすることが多く、十五歳の三月場所を「就職場所」と言っていた。だが隆の里は体は立派だったが、糖尿病に苦しめられて低迷し、自ら薬について研究して病気を克服し、それについて著作『糖尿病に勝った！』（一九八一年）もある。

九州場所では初日二日と三重ノ海が敗れ、引退した。優勝は一敗の**輪島**だったが、関脇に並んだ千代の富士と隆の里がともに十一勝をあげた。なお、千代の富士は北の湖の二歳年下、隆の里は一歳上である。北の湖が若くして横綱になり三十歳で引退し、千代の富士は二十六歳から活躍して十年ほどとったため時期がずれているからもっと年が若いように思えるが、そうなのである。ちなみに豊臣秀吉と徳川家康は五歳違いである。

この時期の相撲協会幹部は、

理事長・春日野（栃錦）、理事・二子山（若乃花）、出羽海（佐田の山）、大鵬、伊勢ヶ濱（清国）、立浪（羽黒山）、武隈（北の洋）、時津風（豊山）、伊勢ノ海（前頭・柏戸）、高砂（朝潮）、監事・三保ヶ関（増位山）、片男波（玉の海）、中川（清恵波《きよえなみ》）

という陣容である。

†一九八一年——千代の富士、琴風、隆の里の三すくみ

この年高校三年生だった私はいくつかの大学を受験し、東大に落ちたため一浪して予備校へ通うようになるが、男子校へ行っていた私には女子もいる予備校は天国のようで、遅刻しても問題ないし、体育はないし昼過ぎには帰れるしで、楽しい日々に戻ったようであった。

初場所では、関脇・千代の富士が大関とりをかけて臨み、北の湖が朝汐に負けたため千代の富士が全勝のまま千秋楽を迎え、本割で北の湖に敗れるも、優勝決定戦で勝ち、初優勝を成し遂げ、場所後の大関昇進が決定（三場所で三十五勝）、「千代の富士フィーバー」が日本中を席巻した。当時放送されていた『ウルトラマン80』でも、すもう怪獣ジヒビキランが登場してウルトラマンと相撲をとるありさまだった。

貴ノ花は六日目に蔵玉錦《ざおうにしき》に敗れて四敗となり、三十歳で引退を表明したから、あたかもこの場所は、角界のスターが貴ノ花から千代の富士にバトンタッチという報道が盛んだった。マスコミは、相撲雑誌も含め、「大関候補」の座から落ちた力士のことなど歯牙にもかけない。

NHKの相撲解説は、一九五三年のテレビ中継開始から神風正一と玉の海梅吉、七〇年から元・田子の浦親方の出羽錦忠雄が務めていた。いずれも元力士で、玉の海はしこ名は玉ノ海、元関脇である。親方がレギュラー解説者になることはなく、今日の北の富士、舞の海まで、協会を廃業して力士時代のしこ名を使っている。玉の海の解説時代に横綱・玉の海が現れたこともある。なお、現役中に死去した横綱は、戦前の玉錦三右衛門と、戦後、北の富士と「北玉時代」をなしたこの玉の海の二人である。玉錦は二所ノ関部屋だが、昭和十三年、巡業で瀬戸内海を行く船の中で腹が痛くなったので、

千代の富士

東			西		
横綱	◎北の湖	三保関 27	横綱	●輪　島	花籠 33
張出横綱	●若乃花	二子山 27			
大関	○千代の富士	九重 25	大関	●増位山	三保関 32
関脇	○隆の里	二子山 28	関脇	○琴　風	佐渡嶽 23
小結	○巨　砲	大鵬 24	小結	●富士櫻	高砂 33
前頭 1	○朝　汐	高砂 25	前頭 1	○蔵　間	時津風 28
前頭 2	○栃赤城	春日野 26	前頭 2	●栃　光	春日野 28
前頭 3	●蔵玉錦	鏡山 28	前頭 3	○舛田山	春日野 29
前頭 4	●若島津	二子山 24	前頭 4	●玉ノ富士	片男波 31
前頭 5	○北天佑	三保関 20	前頭 5	○天ノ山	時津風 27
前頭 6	●魁　輝	友綱 28	前頭 6	●大　潮	時津風 33
前頭 7	○高見山	高砂 36	前頭 7	●青葉山	木瀬 30
前頭 8	●鳳　凰	二所関 24	前頭 8	○出羽の花	出羽海 29
前頭 9	●黒姫山	立浪 32	前頭 9	○麒麟児	二所関 28
前頭 10	○佐田の海	出羽海 24	前頭 10	○鷲羽山	出羽海 31
前頭 11	●黒瀬川	伊勢濱 29	前頭 11	○荒　勢	花籠 31
前頭 12	●飛騨ノ花	二子山 27	前頭 12	○大　錦	出羽海 27
前頭 13	○岩　波	立浪 26	前頭 13	○大寿山	二子山 21

1981 年 3 月場所番付（千代の富士大関昇進時）
＊◎＝優勝、○＝勝ち越し、●＝負け越し、数字は年齢

温めたりもんだりしていたが、実は盲腸炎だったため悪化して死んでしまった。玉の海は、はじめ二所ノ関部屋だったが、幕下時代に、関脇・玉乃海太三郎が独立して片男波部屋を興すとこれに従った。玉の海という名前は多い。横綱・玉の海も、盲腸の手術をしたあと、心臓麻痺で急逝してしまい、北の富士は一人横綱になった。

　春場所は**北の湖**が優勝したが、輪島が三日目に、増位山が五日目に引退、千代の富士の一人大関となるが、関脇では隆の里と琴風が勝ち越し、栃赤城も前頭二枚目で十勝をあげ、北の湖に土をつけたので殊勲賞を受賞した。相撲の三賞は、殊勲、敢闘、技能で、千秋楽に決定され、選考委員にはNHKの相撲アナウンサーも入っていたり

する。勝ち越しが最低条件で、横綱や優勝力士に土をつけると殊勲賞、比較的下位で大勝すると敢闘賞という感じで、力士の励みにもなっている。

「関取」とは、十両以上の力士をいい、「千代の富士関」などと「関」をつけるのは関取だけで、幕下以下の力士にはつかない。だから優勝インタビューを聞いていても、たとえ元大関でも「照ノ富士さん」になる。幕下以下は本場所では七番とり、場所では朝から序ノ口、序二段と順番にとっている。行司にも格があって、序ノ口をさばいている行司はまだ下っ端なので、若くて裸足である。力士も、外出時、序ノ口・序二段の力士は素足に下駄で、三段目になるとエナメル製の雪駄がはける。十両に昇進すると、畳敷きの雪駄になる。足袋については部屋によって違い、三段目で履けるところ、幕下からというところがある。

もっとも、まだ十代の若い力士が裸足に下駄なのはいいが、中には二十代、三十代で幕下とか、幕内から転落して序二段の高齢力士もいるが、それは親方が勘案しているのだろう。「前頭」というのは、一般には幕内力士のことを言い、小結より下を「平幕」というが、正式な番付を見れば分かる通り、十両までが「前頭」で、十両以上が正式な相撲協会の職員となる。本場所後、横綱・大関昇進はすぐ発表され、来場所の番付編成会議が開かれて水曜日に、十両昇進力士だけが発表される。すべての番付が発表されるのは、次の月の最終月曜日というのが普通である。

十両以上は給料が出るが、十両の年収は千二百四十万円から、横綱なら三千三百八十万円から、というもので、これに取組の懸賞金、タニマチからのカネなどが入るから、横綱は親方より高収入となる。まあスポーツのトップだからそれは当然として、幕下以下は力士養成員扱いなので、原則として給料ゼロである。

だが、それとは別に持ち給金(力士報奨金)というのがあり、これは現役を続けていればどんどん加算されていくことになっている。勝ち越し星一つで〇・五円、平幕力士が横綱を破ると金星というが、これが十円、幕内優勝が三十円となり、それが四千倍されることになっている。つまり金星一つで持ち給金が四万円増えるのである。そのため、幕内に上がったことのある力士は、幕下以下へ落ちてもこの持ち給金が場所ごとにもらえるのである。現在、幕内経験者で最古参の芳東(一九七七年生まれ、玉ノ井部屋、最高位前頭十二枚目)は現在序二段まで落ちているが、持ち給金は三十一万円あることになる。今回関脇まで戻ってきた元大関の照ノ富士は四十五万円ある。

輪島最後の一番は琴風に敗れたものだった。輪島の師匠・大ノ海の花籠が、六十五歳の定年間近だったため、輪島はすぐに花籠を継承して部屋もち親方になった。増位山は年寄・小野川を襲名し、三年後に父の三保ヶ関が定年退職すると部屋を継いだ。

八一年夏場所は**北の湖**が十四勝で優勝、千代の富士は十三勝で準優勝となった。この場所、元小結の豊山が引退し、湊親方となり湊部屋を創設する。東京農業大学出身で時津風部屋に入ったが、地味な力士だった。

六月にはアメリカ巡業があり、サンノゼ、ロサンジェルスを巡った。そのあとメキシコシティーで招待公演を行って帰国した。

名古屋場所では、元関脇・鶴ヶ嶺の井筒部屋から、井筒三兄弟と言われる息子たちのうち、長男の鶴嶺山《かくれいざん》と次男の福薗《ふくぞの》が十両入りしていた。その下が三男の寺尾である。本名が福薗で、寺尾はすでに死去していた母親の旧姓である。名古屋場所は千代の富士が初日に隆の里に敗れる中、北の湖が全勝で突っ走ったが、十四日目に関脇・朝汐に敗れ、千秋楽に**千代の富士**にも敗れ、千代の逆転優勝となり、千代の富士は場所後、横綱に推挙された。

寺尾

横綱の推挙は横綱審議委員会に諮《はか》るのだが、これは一九五〇年に設置された有識者の会議である。初代委員長は伯爵だった酒井忠正、二代目は東京生まれで相撲に造詣の深い作家の舟橋《ふなはし》聖一、またこのころの委員長としてドイツ文学者の高橋義孝が知られていた。ただそのあと、テレビ局や新聞社のトップなどが就くことが多くなり、中には相撲好きどころか相撲を観たことがない人まで委員になるので、二〇〇〇年、脚

場所	幕内最高優勝	三賞
1月場所	千代の富士貢（14勝1敗①）	(殊)千代の富士、(敢)富士櫻、若島津、(技)千代の富士
3月場所	北の湖敏満（13勝2敗㉑）	(殊)栃赤城、(敢)高見山、(技)巨砲
5月場所	北の湖敏満（14勝1敗㉒）	(殊)朝汐、(敢)北天佑、(技)蔵間
7月場所	千代の富士貢（14勝1敗②）	(殊)朝汐、(敢)高見山
9月場所	琴風豪規（12勝3敗①）	(殊)巨砲、(敢)大寿山、(技)琴風
11月場所	千代の富士貢（12勝3敗③）	(殊)朝汐、(敢)隆の里、栃赤城、(技)佐田の海
年間最多勝＝北の湖敏満（69勝15敗6休）		

1981年本場所

＊丸数字は優勝回数。(殊)＝殊勲賞、(敢)＝敢闘賞、(技)＝技能賞。

本家の内館牧子と、歌舞伎俳優の澤村田之助を委員に任命したが、内館はここぞとばかり盛んに発言したので、協会としては煙たかったのかもしれない。あまり横審の委員に外で発言してほしくないのが協会の本音で、だから今では一般からは都倉俊一と山内昌之が入っているが、協会の期待通りあまり語らない（相撲に関心があるのかどうかも分からない）。内館を含め、政治的に保守の人を選んでいるのは明らかで、それではやくみつるなどが入るわけはないが、外部から見たら、デーモン小暮や能町みね子を入れてほしいところだ。

大関・横綱昇進は、協会から部屋に使者がたつ。千代の富士の時は伊勢ヶ濱（元大関・清国）と陣幕（元幕内・嶋錦）で、高砂一門から陣幕が入り、のち千代の富士が引退してすぐ名乗ったのも陣幕だった。

横綱は土俵入りをする。ほかの幕内力士は一列に並んでの土俵入りだが、横綱は露払いと太刀持ちを従えて入ってくる。露払い、太刀持ちは、同じ部屋に幕内力士がいれば勤めるが（「務める」ではなく「勤める」）、いなかったり足りない時は一門から、稀に一門でも足りなくてよそから借りてくることもある。同部屋なら対決はないが、一門の他の部屋だと対決がありうるので、対決する日には露払い・太刀持ちは勤めない。千代の富士の九重部屋にはそのころ影虎という幕内力士がいたが、十両に陥落してすでに廃業していた。そこで高砂部屋から、朝汐と富士櫻が太刀持ち・露払いで出た。

横綱土俵入りには雲竜《うんりゅう》型と不知火《しらぬい》型があり、千代の富士は雲竜型、せり上がりの時に片手を折りもう一方を伸ばす形で、不知火型だと両手を伸ばす形になる。もとを辿ると雲竜、不知火という力士にはならず逆になるとも言われている。不知火型にした横綱は短命ともいわれており、実際近年はそれに近く、雲竜型は大鵬、北の湖、千代の富士、二代目貴乃花、朝青龍《あさしょうりゅう》、不知火型は玉の海、琴櫻、隆の里、双羽黒、旭富士、三代目若乃花と実際短命だったが、白鵬が不知火型なので、このジンクスは事実上破られた。

九重部屋は出羽海部屋を割って出て、出羽一門から追われ、高砂一門に移った部屋だが、当時の出羽海親方は元横綱・佐田の山で、先代出羽海の女婿である。先代出羽海が、平幕の出羽の花といい、親方になって以後政治力に辣腕を発揮し、武蔵川理事長として角界の危機を乗り切った人物である。また二所ノ関親方は元関脇の金剛で、これは以前大関・佐賀ノ花が二所ノ関だったが、弟子の横綱・大鵬、大関・大麒麟で後継者争いとなり、七五

出羽の花

隆の里

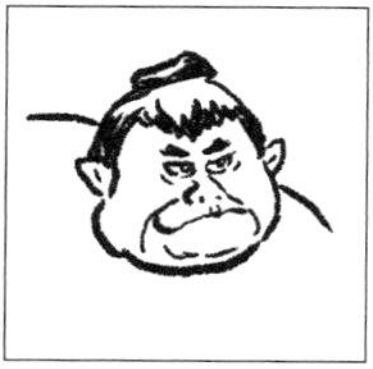

朝潮（朝汐）

北天佑

年に平幕で優勝した金剛が、佐賀ノ花の次女と婚約したということで後継者に決まり、大麒麟は独立して押尾川部屋を建てるという騒動があった。金剛は記者相手の放言で「ホラ吹き金剛」と言われたが、二所ノ関継承後は、麒麟児、鳳凰などの力士を育てた程度であった。

八月には武蔵川親方（元・三重ノ海）が出羽海部屋から分家独立して武蔵川部屋を興した。

さて横綱となった千代の富士だが、けいこ中に足首をケガしてしまい、これを押して秋場所に出場したが、二日目に隆の里に敗れてケガが悪化し、休場を余儀なくされた。その場所は、関脇・**琴風**が、十二勝をあげ、北の湖や若乃花を退けて初優勝し、大関昇進を決めた（三場所で三十一勝）。

その当時、千代の富士、琴風、隆の里の三すくみというのがあって、琴風は千代に勝てず、千代は隆の里に勝てず、隆の里は琴風に勝てない、ということである。それでも一人

東			西		
横綱大関	○北の湖	三保関 28	横綱大関	●千代の富士	九重 26
張出横綱	○若乃花	二子山 28			
関脇	◎琴　風	佐渡嶽 24	関脇	●朝　汐	高砂 25
小結	●蔵　間	時津風 28	小結	○北天佑	三保関 21
張出小結	●麒麟児	二所関 28	張出小結	○隆の里	二子山 29
前頭 1	●高見山	高砂 37	前頭 1	○大寿山	二子山 22
前頭 2	●出羽の花	出羽海 30	前頭 2	○巨　砲	大鵬 25
前頭 3	●若島津	二子山 24	前頭 3	●栃　光	春日野 28
前頭 4	●蔵玉錦	鏡山 29	前頭 4	○鷲羽山	出羽海 32
前頭 5	●琴千歳	佐渡嶽 24	前頭 5	○東　洋	花籠 25
前頭 6	○飛騨ノ花	二子山 27	前頭 6	●大　潮	時津風 33
前頭 7	○大　錦	出羽海 28	前頭 7	○栃赤城	春日野 26
前頭 8	○佐田の海	出羽海 25	前頭 8	○播竜山	三保関 30
前頭 9	●舛田山	春日野 30	前頭 9	●闘　竜	三保関 22
前頭 10	●嗣子鵬	大鵬 26	前頭 10	●富士櫻	高砂 33
前頭 11	●天ノ山	時津風 27	前頭 11	○青葉城	押尾川 32
前頭 12	○青葉山	木瀬 31	前頭 12	○魁　輝	友綱 29
前頭 13	●白竜山	時津風 27	前頭 13	●琴　若	佐渡嶽 27

1981 年 9 月場所番付（千代の富士横綱昇進時）

東			西		
横綱	●若乃花	二子山 28	横綱大関	●北の湖	三保関 28
張出横綱	◎千代の富士	九重 26			
大関	○琴　風	佐渡嶽 24			
関脇	○隆の里	二子山 29	関脇	●大寿山	二子山 22
小結	●北天佑	三保関 21	小結	●巨　砲	大鵬 25
			張出小結	○朝　汐	高砂 25
前頭 1	●鷲羽山	出羽海 32	前頭 1	●飛騨ノ花	二子山 27
前頭 2	●播竜山	三保関 30	前頭 2	●蔵　間	時津風 28
前頭 3	●大　錦	出羽海 28	前頭 3	●東　洋	花籠 25
前頭 4	○佐田の海	出羽海 25	前頭 4	○若島津	二子山 24
前頭 5	●蔵玉錦	鏡山 29	前頭 5	○栃赤城	春日野 27
前頭 6	○出羽の花	出羽海 30	前頭 6	○麒麟児	二所関 28
前頭 7	●大　潮	時津風 33	前頭 7	●青葉城	押尾川 33
前頭 8	●琴千歳	佐渡嶽 24	前頭 8	●青葉山	木瀬 31
前頭 9	○魁　輝	友綱 29	前頭 9	○栃　光	春日野 28
前頭 10	●隆三杉	二子山 20	前頭 10	○富士櫻	高砂 33
前頭 11	○高見山	高砂 37	前頭 11	○鳳　凰	二所関 24
前頭 12	●大　飛	大山 29	前頭 12	○高望山	高嶋 24
前頭 13	●蜂　矢	春日野 31	前頭 13	●岩　波	立浪 26

1981 年 11 月場所番付（琴風大関昇進時）

＊◎＝優勝、○＝勝ち越し、●＝負け越し、数字は年齢

大関だから、横綱の一人は「横綱大関」である。このころの関脇以下には、隆の里、朝汐、北天佑らがひしめいていた。秋場所では、元関脇の荒勢《あらせ》が引退し、間垣《まがき》を襲名した。花籠部屋の力士で、日大出身、名前と顔がマッチしておりキャラの立った力士で、二年後に角界を去り、タレントとして活躍したが、二〇〇八年に死去した。

九月二十日、前花籠親方の元・大ノ海が六十五歳で死去した。

九州場所は、一九七四年から九電記念体育館で興行されていたが、この年、新設の福岡国際センターに会場を移した。若乃花が全休、北の湖が途中休場する中、**千代の富士**と小結の朝汐が十二勝で並び、優勝決定戦で千代が勝って優勝した。関脇・隆の里は十一勝をあげた。先場所に新横綱で休場した千代の富士は、優勝して横綱としての責任を果たし、涙を流した。

この場所では元関脇の玉ノ富士が引退した。角界入りのあとすぐ抜け、自衛隊に入ったあと角界へ戻った変わり種で、片男波部屋。湊川親方をへて片男波部屋を継ぎ、六十五歳の定年後の再雇用制度を最初に利用して七十歳まで勤めた。

†一九八二年――隆の里全勝優勝

一九八二年初場所は、千代の富士と北の湖が二敗のまま千秋楽にもつれこんだが、楽日決戦で**北の湖**が勝って十三勝で優勝した。関脇の隆の里は千代の富士と並ぶ十二勝をあげ、場所後、大関に昇進した（三場所で三十三勝）。これで一人大関は解消された。二子山部屋では横綱、大関に、若島津が迫っており、ほか隆三杉、若獅子らがいた。この場所で、元関脇の黒姫山が引退した。立浪部屋所属で「デゴイチ」のあだ名をとり、大関も期待されたが、旭國に抜かれた。錦島親方から、のち武隈親方となる。

引退した貴ノ花は、鳴戸親方として二子山部屋つきだったが、二月に藤島親方になって藤島部屋を独立させた。新弟子のスカウトに全国を渡り歩くのだが、知名度の高い親方は有利である。藤島部屋は数年のうちに有力力士を数名抱える部屋になる。藤島親方は、弟子たちに、八百長をやったらクビにする、と言い渡した。前年独立した放駒部屋でも、親方がガチンコ派だった。板井らの証言で明らかなのは、八百長は親方が率先して進めることが多いということだ。

春場所は、**千代の富士**が十三勝で優勝した。このころ私は東大に合格し、四月から駒場の教養学部文科三類に通うようになった。私はドイツ語未修の四組に属したが、同じクラスには金沢から来た岡田直樹がいて、今は自民党の参議院議員で、二〇二〇年初場所で徳勝龍が優勝した時、官房副長官として内閣総理大臣杯を渡していた。

四月二十六日に、花籠親方（輪島）夫人の自殺未遂事件が起こり、花籠は「夫婦の間に

東			西		
横綱	○北の湖	三保関 28	横綱	◎千代の富士	九重 26
張出横綱	○若乃花	二子山 28			
大関	○琴　風	佐渡嶽 24	大関	○隆の里	二子山 29
関脇	○出羽の花	出羽海 30	関脇	○若島津	二子山 25
小結	●佐田の海	出羽海 25	小結	●巨　砲	大鵬 25
前頭 1	●大　錦	出羽海 28	前頭 1	○朝　汐	高砂 26
前頭 2	●高見山	高砂 37	前頭 2	●東　洋	花籠 25
前頭 3	●大　潮	時津風 34	前頭 3	●青葉城	押尾川 33
前頭 4	○天ノ山	時津風 28	前頭 4	●闘　竜	三保関 23
前頭 5	○麒麟児	二所関 29	前頭 5	○大寿山	二子山 22
前頭 6	○栃　光	春日野 29	前頭 6	●鳳　凰	二所関 25
前頭 7	●栃赤城	春日野 27	前頭 7	●富士櫻	高砂 34
前頭 8	○黒瀬川	伊勢濱 30	前頭 8	●飛騨ノ花	二子山 28
前頭 9	●栃　剣	春日野 26	前頭 9	○若の富士	九重 26
前頭 10	○魁　輝	友綱 29	前頭 10	●蔵玉錦	鏡山 29
前頭 11	○蔵　間	時津風 29	前頭 11	●高望山	高嶋 24
前頭 12	○騏ノ嵐	押尾川 20	前頭 12	○嗣子鵬	大鵬 26
前頭 13	●斉　須	伊勢濱 25	前頭 13	●播竜山	三保関 30
前頭 14	●若獅子	二子山 33	前頭 14	○北天佑	三保関 21

1982年3月場所番付（隆の里大関昇進時）

会話がなかった」などと釈明した。

夏場所はやはり**千代の富士**の優勝である。千代の富士と同期入門に蔵玉錦がおり、これで「ざおうにしき」と読むが、「玉」の字なのは字画がいいかららしい。北の湖は後半休場し、名古屋場所は全休し、衰えに向かっていた。名古屋も**千代の富士**の優勝で、栃赤城は前頭十五枚目で六勝九敗と負け越し、とうとう十両に落ちた。

秋場所は大関・**隆の里**が十五戦全勝で優勝。この場所で、元小結の青葉山が引退した。木瀬部屋所属で、「起重機」のあだ名があり吊りを得意とした。ひいきの栃赤城がいなくなり、私が次にひいきしたのは、渋い感じの隆の里だった。糖尿病の研究をして「漢方薬博士」のあだ名もあり、肩の筋肉がもりあがっているため「ポパイ」とも呼ばれたが、顔つきがインテリっぽく、そり身での立ち合いも、良くはないのだが私には好もしかった。
場所後の九月三十日、千代の富士はホテルニューオータニで進藤久美子と結婚式を挙げた。

行司にも階級はあって、立行司が二人、最高位の木村庄之助と、二位の式守伊之助である。以下、三役格行司、幕内格行司、十両格、幕下格と、力士に応じて所在する。行司も各部屋に属しており、早ければ十五歳から入門して行司修行をする。木村、式守いずれかの姓を名のり、庄之助と伊之助は代々の名だから、八二年当時は、二十七代庄之助で、一九二五年生まれで、今も存命である。所属は立浪部屋、十九代式守伊之助の弟子で、木村宗吉の名で土俵生活を始め、のち木村玉治郎を襲名、四十八歳で二十三代式守伊之助となり、五十一歳で庄之助となった。親方と同じく行司も定年は六十五歳なので、今から見るとかなり早い昇進である。とはいえ行司も力士にあわせて動き回る必要があるから、年齢の割に高い身体能力が求められるし、むろんきわどい勝負を見極める技術も要る。立行司は腰に短刀を差しており、これは差し違えがあったら切腹するという覚悟を示しており、実際結びの一番に差し違えがあったら、理事長に進退伺いを出すことになっている。また庄之助は一番しか捌かないことになっていて、結びの一番だけであり、千秋楽に優勝決定戦があったら、伊之助が捌く。したがって木村庄之助が優勝決定戦を捌くことはない。伊之助は何度捌いてもいい。

当時の式守伊之助は二十四代で、庄之助より年上で六十二歳になっていた。以前は行司は年功序列だったが、一九七四年に行司抜擢制度ができたため、年下の庄之助に抜かれ、伊之助で終わった。朝日山部屋所属である。

年寄（親方名跡）の中にも、昔は行司から親方になる人があり、その名残で「木村瀬平」「式守秀五郎」の「木村」「式守」のつく名跡があり、これは上下あわせて襲名され、「木瀬親方」「式秀親方」と呼ばれている。

「呼び出し」という相撲人もいて、取組の前に土俵にあがり、扇をかざして「ヒガアアーシー、チョノオフジー、ニイーシイー、キタノーウミー」とやるのが呼び出しである。続いて行司があがり、きりっとした口調で「かたや、千代の富士、こなた、北の湖」とやる。二つを混同する人がときどきいる。結びの一番では、「番数も、とり進みましたるところ、かたや、千代の富士、〜〜、こなた、北の湖、〜〜、この相撲一番にて、本日の打ち止め」とやる。天皇が観に来ている時は「打ち止め」を避けて「結び」と言う。千秋楽の結びには、「この一番にて、千秋楽」と言う。

当時は呼び出しにも順位はあったが、立呼び出し、副立呼び出しといった階級が設けられたのは一九九四年である。呼び出しには「秀男」などの名前があるが、呼び出しとしての姓はない。

呼び出しには時どき相撲甚句の名人が出て、レコードやCDにもなっている。七七七五調の都々逸と同じ言葉を歌うのである。力士は相撲教習所で学ぶが、その中には甚句も入っているし、書道もある。

八二年九州場所は**千代の富士**が初日北天佑に敗れただけであとすべて勝ち、十四勝で優勝、隆の里は綱とりならず、関脇の若島津が十二勝をあげて場所後大関に昇進した（三場所で三十四勝）。朝汐は、この場所から親方と同じ朝潮の字になった。この場所で元小結の双津竜が引退した。時津風部屋の力士で、のち部屋を継ぎ、例の新弟子を暴行して死なせる事件で実刑判決を受けた力士だ。あわせて、時津風部屋にいた元十両で角界最年長・四十一歳の牧本も廃業した。またNHKの相撲解説の玉の海梅吉は、七十歳になったため、この場所で勇退した。

牧本が廃業する前のことだが、「朝日新聞」に、高見山を相撲界最年長とする文が載ったことがある。血気盛んな私は、新聞社に電話をかけた。スポーツ部の記者に回されたが、相撲に詳しい記者ではなかったらしく、むっとした感じで「じゃあ誰が最年長なんですか」と言うから、「自分で調べろよ」とこちらもむっとしたが、「牧本です」と答えたことがあった。

九州場所十四日目の十一月二十七日、鈴木善幸の退陣を受け、中曽根康弘が総理大臣に就任した。私たち左翼がかった若者は、米国のレーガン、韓国の全斗煥とあわせて右翼政権だと言っていた。

十二月、湊親方（元小結・豊山）は時津風部屋から独立して湊部屋を興した。

†一九八三年――隆の里横綱昇進

一九八三年初場所は、大関・**琴風**が、初日北天佑に敗れただけで残り全勝し、関脇の朝潮と優勝決定戦の末、琴風が勝って優勝と、前場所の千代の富士と同じ成績になった。北の湖と若乃花は途中休場、若乃花はそのまま引退した。

若乃花は大関時代までは若三杉の名で甘いマスクと言われ女性人気も高かったが、横綱になってからは期待したほどの成績ではなかった。しこ名を譲った二子山親方は、自分の娘と結婚させて部屋を譲ろうとしたが、若乃花はいったんは承知して結婚したものの、ホステスの愛人がいたため親方の娘とは離婚、ホステスと再婚していた。横綱はしこ名のまま五年間協会に残れる定めがあり、若乃花も五月まで年寄・若乃花で残り、それから間垣を襲名して、のち間垣部屋を興した。平幕の蔵玉錦（鏡山部屋）も引退し、立川を皮切り

場所	幕内最高優勝	三賞
1月場所	北の湖敏満（13勝2敗㉓）	(殊)佐田の海、(敢)隆の里、(技)若島津
3月場所	千代の富士貢（13勝2敗④）	(殊)出羽の花、(敢)麒麟児、(技)出羽の花
5月場所	千代の富士貢（13勝2敗⑤）	(殊)朝汐、(敢)朝汐、(技)出羽の花
7月場所	千代の富士貢（12勝3敗⑥）	(殊)朝汐、(敢)闘竜、(技)高望山
9月場所	隆の里俊英（15戦全勝①）	(殊)大寿山、(敢)若島津、北天佑、(技)若島津
11月場所	千代の富士貢（14勝1敗⑦）	(殊)北天佑、(敢)大潮、(技)若島津
年間最多勝＝千代の富士貢（74勝16敗）		

1982年本場所

＊丸数字は優勝回数。(殊)＝殊勲賞、(敢)＝敢闘賞、(技)＝技能賞。

に多くの年寄株を借りて定年までつないだ。蔵玉錦の親方名の変遷は「立川→富士ヶ根→枝川→中川→白玉→佐ノ山→錦島→武隈」である。

この春、同志社大学で二度の学生横綱となった服部が角界入りしたが、甚だしい鳴り物入りで、輪島、朝潮に続けということだろうが、伊勢ノ海部屋に入り幕下付け出しでデビューした。伊勢ノ海は、当時、元関脇の藤ノ川が親方だったが、横綱・柏戸を出した部屋なので、いずれ柏戸を名のって横綱になるものと期待され、『週刊朝日』の「山藤《やまふじ》章二のブラック・アングル」でも「柏戸のしこ名を汚すなよ」などと書かれる始末であった。

当時は、大学相撲から大相撲入りする場合、同志社大なら伊勢ノ海部屋、東京農業大学なら時津風部屋、日大なら出羽海部屋というふうに部屋までルートが決まっていたという。

春場所は**千代の富士**が全勝優勝、北の湖は全休し、関脇・朝潮が十二勝をあげて、場所後に大関昇進した（三場所で三十五勝）。この場所で元小結の若獅子が引退した。二子山部屋の力士だが、

東			西		
横綱	○千代の富士	九重 27	横綱	●北の湖	三保関 29
張出横綱	●若乃花	二子山 29			
大関	○隆の里	二子山 30	大関	◎琴　風	佐渡嶽 25
			張出大関	○若島津	二子山 26
関脇	○北天佑	三保関 22	関脇	○朝　潮	高砂 27
小結	●出羽の花	出羽海 31	小結	●大　豊	時津風 27
前頭 1	●大　潮	時津風 35	前頭 1	●蔵　間	時津風 30
前頭 2	●麒麟児	二所関 29	前頭 2	●佐田の海	出羽海 26
前頭 3	●闘　竜	三保関 24	前頭 3	●騏ノ嵐	押尾川 21
前頭 4	●魁　輝	友綱 30	前頭 4	●青葉城	押尾川 34
前頭 5	○大寿山	二子山 23	前頭 5	●大　錦	出羽海 29
前頭 6	○舛田山	春日野 31	前頭 6	●富士櫻	高砂 34
前頭 7	○巨　砲	大鵬 26	前頭 7	○斉　須	伊勢濱 26
前頭 8	●鳳　凰	二所関 26	前頭 8	●東　洋	花籠 26
前頭 9	○高見山	高砂 38	前頭 9	○多賀竜	鏡山 24
前頭 10	●若の富士	九重 26	前頭 10	○栃　光	春日野 29
前頭 11	○玉　龍	片男波 28	前頭 11	○若瀬川	伊勢濱 20
前頭 12	●天ノ山	時津風 29	前頭 12	○嗣子鵬	大鵬 27
前頭 13	●陣　岳	井筒 23	前頭 13	●栃　剣	春日野 27
前頭 14	●黒瀬川	伊勢濱 31	前頭 14	●播竜山	三保関 31

1983年1月場所番付（若島津大関昇進時）
＊◎＝優勝、○＝勝ち越し、●＝負け越し、数字は年齢

東			西		
横綱	●千代の富士	九重 27	横綱	●北の湖	三保関 30
大関	○隆の里	二子山 30	大関	○琴　風	佐渡嶽 26
張出大関	○朝　潮	高砂 27	張出大関	○若島津	二子山 26
関脇	◎北天佑	三保関 22	関脇	○出羽の花	出羽海 32
小結	●蔵　間	時津風 30	小結	●麒麟児	二所関 30
前頭 1	●闘　竜	三保関 24	前頭 1	○青葉城	押尾川 34
前頭 2	○巨　砲	大鵬 27	前頭 2	●大ノ国	放駒 20
前頭 3	●高望山	熊ヶ谷 25	前頭 3	○舛田山	春日野 32
前頭 4	●旭富士	大島 22	前頭 4	●飛騨ノ花	二子山 29
前頭 5	●板　井	大鳴戸 27	前頭 5	●逆　鉾	井筒 21
前頭 6	●大　潮	時津風 35	前頭 6	○栃　光	春日野 30
前頭 7	●大　豊	時津風 28	前頭 7	○高見山	高砂 38
前頭 8	○斉　須	伊勢濱 26	前頭 8	●多賀竜	鏡山 25
前頭 9	●大寿山	二子山 24	前頭 9	○佐田の海	出羽海 26
前頭 10	○嗣子鵬	大鵬 27	前頭 10	○東　洋	花籠 27
前頭 11	○若瀬川	伊勢濱 20	前頭 11	●鷲羽山	出羽海 34
前頭 12	○富士櫻	高砂 35	前頭 12	○魁　輝	友綱 30
前頭 13	○玉　龍	片男波 28	前頭 13	●騏ノ嵐	押尾川 21

1983年5月場所番付（朝潮大関昇進時）
＊◎＝優勝、○＝勝ち越し、●＝負け越し、数字は年齢

のち廃業するまで数多くの年寄株を借りたので「渡り鳥」と言われた。その変遷は「鳴戸→峰崎→荒汐→小野川→千賀ノ浦→湊川→花籠→竹縄→芝田山→藤島→佐ノ山」で、この時期、数としては最も多い。今では角界に残っても残らなくても「引退」というが、当時は親方にならない場合は「廃業」といった。

夏場所は北の湖、千代の富士がともに全休、大関陣はみながんばったが、優勝は関脇の**北天佑**だった。十四勝をあげた北天佑は北の湖と同じ三保ヶ関部屋で、場所後大関に昇進(三場所で三十七勝)、これで大関は琴風、隆の里、朝潮、若島津、北天佑の五人になった。平幕の大飛《だいひ》(大山部屋)が引退し、部屋を継ぐが部屋が高砂部屋に吸収され、今も八角部屋つきの大山親方として勤務している。

名古屋場所は**隆の里**が十四勝で優勝し、場所後に横綱に推挙された。時に隆の里は三十歳という遅咲き横綱で、苦労したところから、当時人気だったNHKの朝の連続テレビ小説「おしん」から「おしん横綱」と呼ばれた、とマスコミでは書かれるが、おそらくこれはマスコミの命名で、実際に「おしん横綱」なんて言っているのはテレビの相撲中継以外では聞いたことがない。隆の里は、笑顔をあまり見たことがなく、傲岸な感じで、記者を「バカ」と言ったこともあるとされた。しかし、相撲に限らないが、記者などというのは不勉強なまま質問することがあり、皇司《おうつかさ》との対戦を控えた横綱に「今日はコウシとの対戦

東			西		
横綱	○千代の富士	九重 [28]	横綱	●北の湖	三保関 [30]
大関	◎隆の里	二子山 [30]	大関	○若島津	二子山 [26]
張出大関	○北天佑	三保関 [22]	張出大関	○琴　風	佐渡嶽 [26]
張出大関	○朝　潮	高砂 [27]			
関脇	●出羽の花	出羽海 [32]	関脇	●青葉城	押尾川 [34]
小結	●巨　砲	大鵬 [27]	小結	○舛田山	春日野 [32]
前頭 1	●栃　光	春日野 [30]	前頭 1	●若瀬川	伊勢濱 [21]
前頭 2	●高見山	高砂 [39]	前頭 2	●嗣子鵬	大鵬 [27]
前頭 3	●斉　須	伊勢濱 [26]	前頭 3	●佐田の海	出羽海 [27]
前頭 4	●東　洋	花籠 [27]	前頭 4	○蔵　間	時津風 [30]
前頭 5	○大ノ国	放駒 [20]	前頭 5	○闘　竜	三保関 [24]
前頭 6	●富士櫻	高砂 [35]	前頭 6	●逆　鉾	井筒 [22]
前頭 7	●魁　輝	友綱 [31]	前頭 7	○高望山	熊ヶ谷 [25]
前頭 8	●玉　龍	片男波 [29]	前頭 8	○板　井	大鳴戸 [27]
前頭 9	●大　潮	時津風 [35]	前頭 9	○麒麟児	二所関 [30]
張出前頭	○大寿山	二子山 [24]			
前頭 10	○大　豊	時津風 [28]	前頭 10	○多賀竜	鏡山 [25]
前頭 11	○旭富士	大島 [23]	前頭 11	○飛騨ノ花	二子山 [29]
前頭 12	●天ノ山	時津風 [29]	前頭 12	●鷲羽山	出羽海 [34]
前頭 13	●栃赤城	春日野 [28]			

1983 年 7 月場所番付（北天佑大関昇進時）

東			西		
横綱	○千代の富士	九重 [28]	横綱	◎隆の里	二子山 [31]
張出横綱	●北の湖	三保関 [30]			
大関	○琴　風	佐渡嶽 [26]	大関	○若嶋津	二子山 [26]
張出大関	○北天佑	三保関 [23]	張出大関	●朝　潮	高砂 [27]
関脇	●舛田山	春日野 [32]	関脇	●出羽の花	出羽海 [32]
小結	●蔵　間	時津風 [30]	小結	●大ノ国	放駒 [20]
前頭 1	●闘　竜	三保関 [24]	前頭 1	●麒麟児	二所関 [30]
前頭 2	●高望山	熊ヶ谷 [26]	前頭 2	●飛騨乃花	二子山 [29]
前頭 3	●大寿山	二子山 [24]	前頭 3	●大　豊	時津風 [28]
前頭 4	○巨　砲	大鵬 [27]	前頭 4	○多賀竜	鏡山 [25]
前頭 5	●青葉城	押尾川 [34]	前頭 5	○旭富士	大島 [23]
前頭 6	○板　井	大鳴戸 [27]	前頭 6	○佐田の海	出羽海 [27]
前頭 7	●若瀬川	伊勢濱 [21]	前頭 7	●高見山	高砂 [39]
前頭 8	●嗣子鵬	大鵬 [28]	前頭 8	●逆　鉾	井筒 [22]
前頭 9	○斉　須	伊勢濱 [27]	前頭 9	○魁　輝	友綱 [31]
前頭 10	○富士櫻	高砂 [35]	前頭 10	●東　洋	花籠 [27]
前頭 11	●大　潮	時津風 [35]	前頭 11	●玉　龍	片男波 [29]
前頭 12	○栃　光	春日野 [30]	前頭 12	○栃　剣	春日野 [28]
前頭 13	●栃　司	春日野 [25]	前頭 13	○保　志	九重 [20]

1983 年 9 月場所番付（隆の里横綱昇進時）

＊◎＝優勝、○＝勝ち越し、●＝負け越し、[数字]は年齢

場所	幕内最高優勝	三賞
1月場所	琴風豪規（14勝1敗②）	㊩朝潮、㊮北天佑、㊯朝潮
3月場所	千代の富士貢（15戦全勝⑧）	㊩朝潮、㊮北天佑、㊯出羽の花
5月場所	北天佑勝彦（14勝1敗①）	㊩北天佑、㊮出羽の花、㊯北天佑
7月場所	隆の里俊英（14勝1敗②）	㊩舛田山、㊮飛騨ノ花
9月場所	隆の里俊英（15戦全勝③）	㊩巨砲、㊮富士櫻、㊯栃剣
11月場所	千代の富士貢（14勝1敗⑨）	㊩大ノ国、㊮保志、㊯高望山
年間最多勝＝隆の里俊英（78勝12敗）		

1983年本場所
＊丸数字は優勝回数。㊩＝殊勲賞、㊮＝敢闘賞、㊯＝技能賞。

ですが」と言って叱られたなどということもあり、隆の里は親方になってからも不勉強な記者やライターは容赦なく叱りつけていた。スポーツ選手や藝能人は、よく書いてもらいたいからそういう時に甘くなったりするが、そこを毅然としている、そういうところも私は好きだったのだ。

「栃若時代」「柏鵬《はくほう》時代」「北玉《きたたま》時代」「輪湖《りんこ》時代」といった二人の横綱を並べる名称は、この時期以後成り立たなくなり、千代の富士と隆の里で「千隆時代」とか、貴乃花と曙で「あけたか時代」というのはあったが、あまり定着はしなかった。

私は大学で「児童文学を読む会」というサークルに入り、読書会などをしていたが、先輩の中には相撲に詳しい人もいて、いろいろ教えられた。一学年上のKさん（年は同じ）は、東京出身で子供のころから相撲を観ていて、北の富士の九重親方のことを、つい昔の井筒親方の名で記憶している、という東大生らしい嫌味なことも言っていた。

この先輩から教えられたのが「大関互助会」という言葉で、大

若嶋津

麒麟児

関は二場所連続負け越しで陥落するので、大関同士の対戦では星を融通しあって陥落しないようにしている、というのだ。『グラフNHK』は、NHKは相撲協会と協力関係にあるから八百長など一切書かないが、『相撲』や『大相撲』には、大関陣が場所の最後のほうで星がそろうようにしている、と皮肉っていたりした。

八百長といっても二種類ある。一つは「情け相撲」で、かつて大横綱・双葉山が「馬が相撲とってるんじゃねえ」と言ったという、千秋楽に七勝七敗の相手に当たって、勝ったら相手は負け越しという場合、情けで負けてやるみたいなものだ。もう一つが、のち問題になる金銭を介在させ、星を売り買いする本格八百長である。

私はこの先輩から「麒麟児病」という言葉も教えられた。大関などにならない平幕力士は、幕内上位へ上がると負け越し、下位へ下がると勝ち越して戻ってくるというのが普通で、もちろんそこには上位で勝つことも下位で負けることもあるが、麒麟児は典型的な、上位では負け越し、下位では勝ち越す力士なのでそう言うのだという。調べてみると確かにそんな気もした。

隆の里の昇進後、大関は琴風、朝潮、北天佑、若島津（若嶋津）でこの四人は横綱にな

らなかったから、四大関が続いたことになる。秋場所では**隆の里**が全勝のまま、千秋楽に千代の富士を破って新横綱で優勝した。北の湖は途中休場。

九州場所では千代、隆の里が一敗で並走し、千秋楽に**千代**が隆の里に勝って優勝と、二横綱伯仲となる。この時小結に上がったのが旭富士である。

この十一月の新弟子検査に合格したのが、若松部屋の一ノ矢で、琉球大学卒、初の国立大学出身力士となった。

十二月、若乃花は間垣親方として二子山部屋から独立し、間垣部屋を興した。

†一九八四年――「さよなら蔵前」のどんでん返し

一九八四年初場所も、千代の富士と隆の里が二敗で並走、千秋楽に**隆の里**が千代を破って十三勝で優勝した。北の湖は全部出場して八勝七敗に終わった。この場所、関脇に大ノ国（大乃国）、小結に保志（北勝海）が現れている。

春場所は千代の富士が途中休場し、大関の**若嶋津**が初優勝した。また二十四代式守伊之助が、伊之助のまま定年を迎えた。夏場所では、出羽海部屋の式守錦太夫《きんだゆう》が、五十五歳で二十五代式守伊之助に抜擢された。後藤悟の本名でも知られる人である。

夏場所では、長らく優勝から遠ざかっていた**北の湖**が、千代、隆の里も破って全勝優勝を遂げた。だが、これが北の湖二十四回目、つまり最後の優勝、最後の光芒となったのである。この場所、元小結の黒瀬川が引退し、千賀ノ浦親方となったが、現在は桐山親方、また元関脇の高見山大五郎も引退した。ハワイ出身で、一九六四年に来日し、六七年、新十両となり、六八年、新入幕、一九七二年には幕内優勝を外国人で初めて成し遂げ、ニクソン大統領からも祝電が来た。優勝はこの一回だけだったが、その後も取り続け、明るいキャラクターで「ジェシー」と呼ばれて親しまれた。だがこの年、十両に陥落、引退を表明した。日本国籍を取得し、渡辺大五郎と名のり、東関親方となって部屋を開く。

外国人力士の歴史については、横綱審議委員だった作家の児島襄《のぼる》が、大正四年十月に米国籍の千田川が外人力士第一号として初土俵を踏んでいる、と書いているが、千田川はその当時も年寄名跡で、事実確認ができない。明治四十一年（一九〇八）三月九日の「読売新聞」には「常陸山の弟子となりし米人アレクサンダー」なる写真があるが、詳細は分からない。

児島は続けて、「昭和九年から十六年までに七人の米国出身力士を数え」たというが、このうち、豊錦喜一郎（一九二〇—九八）は、日系二世の米国人ハーリー尾崎喜一郎で、十両まで上がり外国籍初の関取となり、幕内にも入ったが、日本に帰化、召集され、戦後になって廃業したという。戦後昭和三十三年（一九五八）相撲協会寄附行為規則第六章に、

第五十五条として外国人力士受け入れ規定が設けられたと言う。「外国人にして力士を志望するものは、確実な保証人二人と連署にて、師匠である年寄を経て、力士検査届を協会に提出しなければならない。」云々とある。児島はさらに「昭和三十五年夏場所に登場したブラジル出身の亘《わたり》を皮切りに外人力士の入門がふえ」と書いているが、これも確認できない。

引き続き、一九七四年、朝日山親方（元・二瀬山）が南太平洋のトンガ王国から、六人の若者を連れてきて入門させ、話題となった。椰子ノ島、南ノ島、福ノ島、日ノ出島、幸ノ島、友ノ島の六人である。ところが七六年、親方が死去し、元小結の若二瀬《わかふたせ》が後を継ぐが、先代の未亡人と確執が起こり、トンガ力士らは先代未亡人についたため、七六年十月にトンガへ帰ってしまった。七七年三月には、ブラジル出身力士が君ヶ浜（のち井筒）部屋からデビューしている。伯山桃太郎だが、幕下が最高位で八六年に廃業した。

名古屋場所は千代が全休し、横綱陣が振るわない中、**若嶋津**が二度目の優勝を全勝で成し遂げた。この場所では、小錦と霧島が新入幕を果たしている。高見山と入れ替わるように登場したのが「ハワイの怪童」小錦で、高見山と同じ高砂部屋に入門。序ノ口、序二段を一場所で、三段目、幕下を総計五場所、十両を四場所で、十両優勝を二度して上がってきた。

逆鉾

名古屋場所では、井筒三兄弟の三男・寺尾が新十両に上がり、「源氏山力三郎」と改名した。大正から昭和にかけての横綱・三代目西ノ海の前名で、井筒部屋ゆかりのしこ名だが、負け越したため、元の寺尾に戻し、これで通した。下の「力三郎」は、井筒部屋所属の横綱・鶴竜が名のっている。次男は逆鉾《さかほこ》を名のってこの場所関脇に位置したが、長男・鶴嶺山だけは三段目から序二段に落ちていて、遂に一度も入幕することなく、鶴ノ富士と改名、九〇年に廃業し、ちゃんこ店「寺尾」を開いていた。廃業の時、インタビューを受けて「いいこと、ありましたか」と問われて、少し沈黙したあと「いいこと、なかったです」と答えた。「土俵は人生の縮図」と言われるゆえんである。いいことのない人生というのもあるのである（とはいえ次男・逆鉾は引退後井筒親方となったが、八百長の中盆と言われ、兄より先に病死してしまった。鶴ノ富士も二〇二〇年、死去）。

かねてより、黒字経営の相撲協会は、墨田川を越えた本来の地・両国に新国技館を建設していたが落成したので、この秋場所が蔵前での最後の相撲となった（もっともこの時、なんで九州場所があるのに最後？　というエアポケットに入ったような疑問を抱いた人がいるが、九州場所は九州でやるのである）。

この秋場所から、「立ち合いの正常化」が行われた。今では力士がちゃんと手を土俵に

場所	幕内最高優勝	三賞
1月場所	隆の里俊英（13勝2敗④）	㊙大ノ国、㊮保志、㊔出羽の花
3月場所	若嶋津六夫（14勝1敗①）	㊙大ノ国、㊮大ノ国、㊔逆鉾
5月場所	北の湖敏満（15戦全勝㉔）	㊙逆鉾、㊮栃司
7月場所	若嶋津六夫（15戦全勝②）	㊙大乃国、㊮霧島、㊔逆鉾
9月場所	多賀竜昇司（13勝2敗①）	㊙小錦、㊮小錦、多賀竜、㊔多賀竜
11月場所	千代の富士貢（14勝1敗⑩）	㊙北尾、㊮旭富士、㊔保志
年間最多勝＝若嶋津六夫（71勝19敗）		

1984年本場所

＊丸数字は優勝回数。㊙＝殊勲賞、㊮＝敢闘賞、㊔＝技能賞。

つかないで立ち合いをすると、不成立で行司に止められることがある。特に三役格行司の木村晃之助が厳しく、何度でもやり直させている。だがこの時期以前は極めてルースで、多くの力士が、手もつかずに立ち合いをしていたのである。それをこの場所から正常化することに決めて、それで現在のようになったのだ。

秋場所十一日目には、日本びいきで好角家で知られるパリ市長のジャック・シラク（のちのフランス大統領）も観戦に来て、その時の話から翌年のパリ公演が決まった。

この「さよなら蔵前」でどんでん返しがあった。横綱・大関陣が振るわない中、前頭十二枚目の**多賀竜**が一敗、それを前頭六枚目の小錦が二敗で追走。多賀竜は十四日目に大関・若嶋津を破り、小錦はそこまで隆の里、若嶋津、大乃国、千代の富士を破る破竹の勢いだったが、千秋楽に小錦が琴風に敗れ、多賀竜の優勝が決まったが、多賀竜は朝潮に敗れた。平幕優勝は七五年の前頭筆頭・金剛以来だが、十二枚目という下位では初めてである。こういう場合、横綱・大関と当たっていないから、審判部では本来の

多賀竜

割を壊しても上位との対戦を作ることになる。

多賀竜は鏡山部屋だが、親方は元横綱の柏戸である。柏戸は伊勢ノ海部屋出身だが、引退したあと鏡山として部屋を興した。伊勢ノ海親方は、代々しこ名が柏戸なのだが、八二年に元平幕の柏戸が死去した際、鏡山が継承を辞退したため、部屋に残っていた藤ノ川が継ぐことになったのである。その伊勢ノ海部屋へ鳴り物入りで入った服部は、藤ノ川をしこ名とするが、三役にも上がれず、廃業することになるのだから皮肉である。

なおこの場所では栃赤城が十両優勝して、翌場所帰り入幕となった（一般には再入幕と書いて再《かえり》入幕と読む）。

九州場所では、隆の里、北の湖が途中休場し、千代の富士が十四勝で優勝、関脇に上がった小錦は因縁の多賀竜に負けたあと休場してしまった。場所前の十一月三日、三保ヶ関親方が定年退職し、息子の元大関・増位山が後を継いだ。

†一九八五年――北の湖引退

一九八五年初場所は、北の湖が初日から二連敗して、ついに引退することになる。北の湖が所有していた年寄株は「清見潟」で、これは三保ヶ関部屋の先輩で七九年に引退した大竜川に貸していたから、北の湖は三保ヶ関親方と「大竜川に廃業してもらうことになる」と話し合っていたら、協会から一代年寄を授与されるという知らせがあった。今でこそ北の湖級の横綱が一代年寄を貰うのは当然になっているが、当時は大鵬の優勝三十二回の特例と思われていたのだ。

場所では、隆の里が初日に関脇・保志、三日目に小結・北尾に敗れて休場し、**千代の富士**が全勝で優勝した。北尾は立浪部屋、保志は九重部屋のともに二十一歳の新鋭で、雑誌で対談をしていたが、そのころから北尾は生意気だった。

二月に、アイドル歌手の高田みづえが、大関・若嶋津との婚約と、それに合わせての引退を発表した。高田は今も二所ノ関部屋のおかみさんだが、よくがんばったという気がする。歌手としては大物ではなかったが、「私はピアノ」など曲に恵まれ、幸運な人だった。

大乃国

春場所は、隆の里が全休し、**朝潮**が十三勝で初優勝した。同じ高砂部屋の人気力士・元関脇の富士櫻が引退し、中村親方となって部屋を興す。琴風は後半連敗し、負け越して角番となった。

夏場所も隆の里は全休、**千代の富士**が優勝し、琴風は途中休場して、大関から陥落した。六月には「ニューヨーク場所」があり、千代の富士が土俵入りを披露した。

名古屋場所では**北天佑**が初優勝、琴風は関脇に落ちたが公傷のため翌場所もその地位に留まる。関脇の大乃国が十二勝をあげ、場所後大関に昇進した（三場所で三十一勝）。魁傑が興した放駒部屋の力士である。魁傑は輪島と同じ花籠部屋だが、この年十一月、輪島は自身の「花籠」株を妹が経営する料亭の借金の担保にしていたことが発覚して委員から平年寄への二階級降格と無期限謹慎処分をこうむり、結局角界を去り、プロレスに行った。のち理事長を務めた魁傑とは対照的な人柄だとされたものだが、輪島は千代の富士と仲が良かった。で、当時私の耳にも、千代の富士の悪評というのが聞こえてきた。大関から横綱へ上がるころには、若くて精悍なウルフという顔つきだったのが、長く横綱をしている間に太って、顔つきも狸に似てきた。名古屋場所で栃赤城はとうとう幕下陥落、一場所だけ十両に戻るが再度陥落、二度と関取に戻ることはなかった。

この年の八月十二日、羽田から大阪へ飛ぶ日航機が事故を起こして御巣鷹山へ墜落した。相撲関係者では、伊勢ヶ濱親方の妻と長男、長女が犠牲になった。伊勢ヶ濱部屋には当時、斉須《さいす》という力士がおり、当時は「寶國《たからくに》」を名のっており、幕内に入ったこともあるがその時は十両だった。それが秋場所に一場所だけ幕下に落ちたが、勝ち越して十両へ戻ることが場所後に報道された。すると某新聞が「亡きおかみさんへの供養」みたいな無理やりの形で記事にして、斉須本人は、おかみさんとか関係ない、と言っていたが、嫌な記事だと

東			西		
横綱	◎千代の富士	九重 30	横綱	●隆の里	二子山 33
大関	○北天佑	三保関 25	大関	○大乃国	放駒 22
張出大関	○朝　潮	高砂 29	張出大関	○若嶋津	二子山 28
関脇	●小　錦	高砂 21	関脇	○北　尾	立浪 22
張出関脇	●琴　風	佐渡嶽 28			
小結	○保　志	九重 22	小結	●高望山	熊ヶ谷 28
前頭1	●巨　砲	大鵬 29	前頭1	●陣　岳	井筒 25
前頭2	○旭富士	大島 25	前頭2	●寺　尾	井筒 22
前頭3	●佐田の海	出羽海 29	前頭3	●太寿山	二子山 26
前頭4	●玉　龍	片男波 31	前頭4	●出羽の花	出羽海 34
前頭5	●隆三杉	二子山 24	前頭5	●鳳　凰	二所関 28
前頭6	●栃　剣	春日野 30	前頭6	○逆　鉾	井筒 24
前頭7	○大　錦	出羽海 32	前頭7	○琴ヶ梅	佐渡嶽 21
前頭8	●蔵　間	時津風 32	前頭8	●多賀竜	鏡山 27
前頭9	○板　井	大鳴戸 29	前頭9	○花乃湖	花籠 24
前頭10	○魁　輝	友綱 33	前頭10	○藤ノ川	伊勢海 25
前頭11	○麒麟児	二所関 32	前頭11	○青葉城	押尾川 36
前頭12	○大　徹	二所関 28	前頭12	○闘　竜	三保関 26
前頭13	○霧　島	井筒 26	前頭13	○三杉磯	花籠 29
前頭14	●益荒雄	押尾川 24			

1985年9月場所番付（大乃国大関昇進時）
＊◎＝優勝、○＝勝ち越し、●＝負け越し、数字は年齢

思ったものである。

秋場所は**千代の富士**の全勝優勝で、隆の里は途中休場、関脇では北尾が十一勝をあげたが、小錦と琴風は全休で、琴風は九州場所で前頭十枚目まで落ちた。

十月はパリ公演があり、二日間、トーナメント方式で相撲を披露した。

九州場所も優勝は十四勝の**千代の富士**。琴風は土俵に戻ったが初日から三連敗し、寺尾に敗れて土俵にはった琴風は、大きくうなずき、引退を決めた。尾車親方となり、埼玉県草加に部屋を開くことになる。この場所は小さな体で人気のあった元関脇の鷲羽山が十両下位で負け越し、引退して境川親方と

場所	幕内最高優勝	三賞
1月場所	千代の富士貢(15戦全勝⑪)	㊮保志、㊰出羽の花、水戸泉、㊗北尾
3月場所	朝潮太郎(13勝2敗①)	㊮北尾、㊰佐田の海、㊗旭富士
5月場所	千代の富士貢(14勝1敗⑫)	㊮大乃国、㊰小錦、㊗花乃湖
7月場所	北天佑勝彦(13勝2敗②)	㊮北尾、㊰大乃国、㊗保志、北尾
9月場所	千代の富士貢(15戦全勝⑬)	㊮北尾、㊰琴ヶ梅、㊗旭富士
11月場所	千代の富士貢(14勝1敗⑭)	㊮北尾、㊰小錦、㊗保志
年間最多勝＝千代の富士貢(80勝10敗)		

1985年本場所

＊丸数字は優勝回数。㊮＝殊勲賞、㊰＝敢闘賞、㊗＝技能賞。

なった。また友綱部屋の王湖《おうこ》が引退し、元幕内力士としては初めて、世話人になった。世話人と若者頭は、親方ではない相撲部屋のマネジャー的存在である。

この場所で十二勝をあげた関脇・北尾は、大関に昇進するが(三場所で三十五勝)、なお本名のままだった。また佐渡ヶ嶽部屋から、カナダ人のジョン・テンタが琴天太のしこ名で初土俵を踏んだ。序ノ口、序二段、三段目で七戦全勝の優勝を続け、琴天山と改名したが、幕下時代の八六年名古屋場所、通訳の女性と失踪し、そのまま廃業、のちプロレスに入ったが、二〇〇六年、四十二歳で死去した。

十二月、北の湖親方は三保ヶ関部屋から独立し、北の湖部屋を興した。輪島の借金問題から、花籠部屋はついに解散し、力士たちは放駒部屋へ移籍した。

†一九八六年――北尾の横綱昇進

一九八六年初場所、初日に保志に敗れた隆の里は、ついに引退、

東			西		
横綱	◎千代の富士	九重 30	横綱	●隆の里	二子山 33
大関	○北天佑	三保関 25	大関	○大乃国	放駒 23
張出大関	○北　尾	立浪 22	張出大関	○朝　潮	高砂 30
張出大関	○若嶋津	二子山 29			
関脇	○保　志	九重 22	関脇	○旭富士	大島 25
小結	●出羽の花	出羽海 34	小結	○小　錦	高砂 22
前頭 1	○琴ヶ梅	佐渡嶽 22	前頭 1	●佐田の海	出羽海 29
前頭 2	●巨　砲	大鵬 29	前頭 2	●闘　竜	三保関 27
前頭 3	●陣　岳	井筒 26	前頭 3	●飛騨乃花	二子山 32
前頭 4	○逆　鉾	井筒 24	前頭 4	●三杉磯	放駒 29
前頭 5	●栃　剣	春日野 30	前頭 5	●多賀竜	鏡山 27
前頭 6	●蔵　間	時津風 33	前頭 6	○太寿山	二子山 26
前頭 7	●寺　尾	井筒 22	前頭 7	○玉　龍	片男波 31
前頭 8	○麒麟児	二所関 32	前頭 8	○隆三杉	二子山 24
前頭 9	○霧　島	井筒 26	前頭 9	○花乃湖	放駒 25
前頭 10	●前乃臻	高田川 24	前頭 10	○大　徹	二所関 29
前頭 11	●大　錦	出羽海 32	前頭 11	○魁　輝	友綱 33
前頭 12	●青葉城	押尾川 37	前頭 12	○高望山	熊ヶ谷 28
前頭 13	○藤ノ川	伊勢海 25	前頭 13	●板　井	大鳴戸 29
前頭 14	●益荒雄	押尾川 24			

1986 年 1 月場所番付（北尾大関昇進時）

＊◎＝優勝、○＝勝ち越し、●＝負け越し、数字は年齢

鳴戸親方を襲名した。**千代の富士**は一人横綱になり、優勝。大関は当時五人いた（朝潮、若嶋津、北天佑、大乃国、北尾）。北天佑は大器と言われつつ横綱になれず、引退して二十山《はたちやま》親方になるが、早逝した。現役当時、私はいつも北天佑の顔色の悪いのが気になった。もともと笑顔をあまり見せない力士だったが、いつも不機嫌そうで、場所の中ごろになるとひどく疲れた表情をしていた。

場所後の一月二十七日、朝潮と婚約者の芋縄恵《いもなわめぐみ》の結婚披露宴がホテルニューオータニで開かれた。

春場所は、関脇に旭富士と保志、小結に小錦と琴ヶ梅（佐渡ヶ嶽部屋）がい

た。一人横綱の**千代の富士**は三日目から休場し、弟弟子の保志が十三勝で優勝した。この場所で、NHK解説の神風正一が退任したが、ラジオでの解説はあと一年ほど続けた。

三月二十五日には、元・琴風の尾車親方が、長島史枝との結婚披露宴を大阪市内のホテルで、大阪府知事・岸昌の媒酌で挙げた。

私は英文科の四年生で、「ヴァージニア・ウルフなんかこわくない」という名作戯曲で知られるエドワード・オルビーで英語の卒論を書いて、自分では面白いつもりでいたが、大学院入試に落ちて消沈していたからか、このころの相撲のことはあまり覚えていない。私は卒論を撤回して留年し、来年も院試を受ける気で、タバコをやめて勉強した。

五月はじめ、相撲の家元である吉田司家《よしだつかさ》が倒産したというやや奇妙なニュースが流れた。もともと「相撲《すまい》の節会《せちえ》」という神事だったのを、家元として管理してきたといえるのが吉田司家で、横綱免許もこの家から出ていたのだが、一九五一年からは相撲協会が独自に横綱を許すことになりつつ、家元としての関係は続いていた。それが、多額の借金を背負って倒産したということで、相撲協会との関係もいったん切れることになった。九三年に形式上で復縁はなされた。

夏場所は**千代の富士**が十三勝で優勝、大関の北尾が十二勝だった。その八日目、北尾と関脇・小錦の対戦があったが、両者土俵際でもつれて倒れ、物言いがついて取り直しとなった。この時、長身の北尾が鯖折りで小錦をはわせ、膝を痛めた小錦は休場してしまった。こんなことも、微妙に北尾の印象を悪くしている。

場所後、高砂部屋つきだった中村親方（元・富士櫻）が独立して、中村部屋を作った。

名古屋場所は、**千代の富士**が全勝、北尾が保志に敗れた一敗で千秋楽を迎え、北尾が千代を破って優勝決定戦となり、千代が勝って優勝した。一人横綱が不安だった協会は、これで北尾を横綱に上げてしまった。同時に保志が大関に上がり、北尾は双羽黒、保志は北勝海としこ名をつけた。

北尾は立浪部屋だから、羽黒山とすべきかと言われたのを、双葉山と羽黒山、二人の立浪部屋の名横綱を合わせて「双羽黒」としたのだが、どうも変なしこ名だし、「北勝海」を「ほくとうみ」と読ませるのは無理があった。しかも「ほくとう・み」であるらしい。

優勝経験のない力士が横綱になるのは初めてである。名古屋場所では元関脇の青葉城が引退し、不知火親方になった。毛深くて力士らしい相撲とりだった。

秋場所、双羽黒は三勝三敗となったところで途中休

北勝海

青葉城

三杉磯

東			西		
横綱	◎千代の富士	九重 31	横綱	●双羽黒	立浪 23
大関	○北勝海	九重 23	大関	○大乃国	放駒 23
張出大関	○朝　潮	高砂 30	張出大関	○若嶋津	二子山 29
張出大関	○北天佑	三保関 26			
関脇	○琴ヶ梅	佐渡嶽 22	関脇	●水戸泉	高砂 24
小結	●出羽の花	出羽海 35	小結	○逆　鉾	井筒 25
前頭1	●隆三杉	二子山 25	前頭1	●霧　島	井筒 27
前頭2	○旭富士	大島 26	前頭2	●多賀竜	鏡山 28
前頭3	●栃　司	春日野 28	前頭3	●孝乃富士	九重 22
前頭4	○小　錦	高砂 22	前頭4	●陣　岳	井筒 26
前頭5	●闘　竜	三保関 27	前頭5	●栃　剣	春日野 31
前頭6	●巨　砲	大鵬 30	前頭6	●麒麟児	二所関 33
前頭7	○大　徹	二所関 29	前頭7	○太寿山	二子山 27
前頭8	○寺　尾	井筒 23	前頭8	●藤ノ川	伊勢海 26
前頭9	●高望山	熊ヶ谷 29	前頭9	○佐田の海	出羽海 30
前頭10	○港　龍	宮城野 25	前頭10	○玉　龍	片男波 32
前頭11	●魁　輝	友綱 34	前頭11	○薩洲洋	井筒 29
前頭12	○板　井	大鳴戸 30	前頭12	●蔵　間	時津風 33
前頭13	●竹葉山	宮城野 29	前頭13	●富士光	九重 25
前頭14	○花乃湖	放駒 25			

1986年9月場所番付（双羽黒横綱昇進・北勝海大関昇進時）
＊◎＝優勝、○＝勝ち越し、●＝負け越し、数字は年齢

場、**千代の富士**が優勝した。花籠部屋の三杉磯と時津風部屋の天ノ《あまの》山《やま》が引退した。三杉磯は一時「東洋《あずまなだ》」を名のっていたが、引退後は峰崎親方となって部屋を開いた。三杉磯自身もいい顔だが、日本女子大卒の美人のおかみさんがいることでも知られた。天ノ山は立田山親方になったが、早逝した。

十月四日には北天佑が結婚式を挙げている。

九州場所は千代の富士、双羽黒の両横綱が二敗で千秋楽を迎えたが、直接対決で**千代の富士**の勝ち、優勝である。

土俵の周囲は、上から白房、赤房、黒房、青房が下がっている。これは中国の四方を表す白虎《びゃっこ》、朱雀《すざく》、玄武《げんぶ》、青《せい》

場所	幕内最高優勝	三賞
1月場所	千代の富士貢(13勝2敗⑮)	㊢旭富士、㊞琴ヶ梅、㊕保志
3月場所	保志延芳(13勝2敗①)	㊢保志、㊞小錦、水戸泉、㊕保志、小錦
5月場所	千代の富士貢(13勝2敗⑯)	㊢旭富士、㊞保志
7月場所	千代の富士貢(14勝1敗⑰)	㊢保志、㊞水戸泉、㊕琴ヶ梅
9月場所	千代の富士貢(14勝1敗⑱)	㊢小錦、㊞寺尾、㊕逆鉾
11月場所	千代の富士貢(13勝2敗⑲)	㊢小錦、㊞益荒雄、㊕霧島
年間最多勝＝千代の富士貢(68勝10敗12休)		

1986年本場所

＊丸数字は優勝回数。㊢＝殊勲賞、㊞＝敢闘賞、㊕＝技能賞。

龍《りゅう》である。もとは四本の柱が立っていたが、力士がぶつかると危ないし、なくなって、吊り屋根が上から下がっている。一九五三年にテレビ中継が始まるため、前年に柱を撤去して吊り屋根をつけたという。土俵の周囲には五人の勝負審判が座っており、行司の裁定に疑問があると物言いをつけ、土俵上に集まって協議をする。

一九六九年春場所、横綱大鵬が四十五連勝していた二日目、戸田(のち羽黒岩)との対戦がもつれ、行司は大鵬にあげたが物言いがつき、審判委員協議の結果、行司差し違えで戸田の勝ちとなり大鵬の連勝が止まった。だがビデオを見ると戸田の足が先に土俵外を蹴っており、これが世紀の大誤審と言われ、以後勝負審判はビデオ室の意見を聞いて決定するようになった。審判の一人がイヤホンでビデオ室の意見を聞いているのが見られるが、今後はタブレットやスマホとかを使ってその場で見てもいいんじゃないかと思う。

なお当初、審判長が「ただいまの協議についてご説明申し上げます」と言うのを「競技」だと思っていた。中には「××の足が先に出ているのではないかと物言いがつき」のところで、観客がわーっと騒ぎ、説明者が声を張り上げて「ですがっ、協議の結果、行司軍配通り」などと慌てて言うのが聞き苦しかったが、最近は観客が成熟してきて、あまり騒がなくなったようである。

相撲協会における親方の階級は、理事長、理事、委員、主任、年寄が基本で、引退してすぐは平の年寄で、以後漸次《ぜんじ》出世し、理事は選挙によってなる。普通は一門ごとに理事になる親方を決めて一門内で割り振るから、無投票選挙になりがちである。親方数の多い出羽海、二所ノ関一門ではそれぞれ三人くらいの理事が出る。横綱が引退すると、だいたい「委員待遇」になる。ある時期以後、借株で親方になっている人は平年寄にしかなれない定めになったから、生涯平年寄の親方も出てきた。

委員のうちから選ばれるのが審判委員で、これはテレビに映ることもあって花形の親方とされた。幕内では前半と後半で入れ替わりがあり、正面に審判長、東と西に一人ずつ、向正面・行司だまりに二人が座る。東と西はこれからとる力士も座っている。「物言い」はこの控え力士もつけていいのだが、実際につけたのは白鵬だけである。

これから相撲をとる力士には、力水をつけるが、負けた力士は力水をつけることができない。東方なら東方の力士がその前の取り組みで勝っていれば次の力士に力水をつけ、負けていれば次の取り組みの力士が力水をつける。結び二番前の取り組みになると、勝った力士はそこに残って次の力士に力水をつけ、結び前の同じ側の力士が勝つとこの力士は退場する。結び前の二番とも西方なら西方が負けると、対戦する力士の付け人で、その日勝った力士が力水をつける。負けても次にとる力士はいないので、前の取り組みの力士が残る。勝って残ったのが勝ち残り、負けて残るのが負け残りである。

取組前に、懸賞の垂れ幕がぐるりと回ることがある。企業などのスポンサーがその一番で勝った力士に与えるのが懸賞で、その代わりにその企業の宣伝の垂れ幕を、呼び出しが持ってお客さんにぐるりと見せるのである。NHKでは宣伝を写せないから、この時はカメラを引くことになっている。

一九八二年に蔵前の椅子席で観た時のチラシに、懸賞を出した企業が載っていたから、紹介すると、

「高級呉服のまるやま、婦人服の伊太利屋、紙袋のスーパーバッグ、第一製薬、劇画東郷平八郎伝の水交社、銘酒会津ほまれ、月桂冠、コンピュータのオービック、三菱自動車、築地の料亭河庄双園、伊奈建設、三笠製薬、高知県佐川町国際観光連盟レストラン清光、帝都自動車、ディズニー・ニットのカメオカ、東京トヨペット、灘の清酒大関、銀座松坂屋裏ビフテキのスエヒロ、味の素の健康ドリンク「アルギンZ」、熱海温泉、東京ピアノ、

救心、三菱カラープリント、アイフル、信越ポリマー、エース交易、花王名人劇場、香陵商事、電気化学、日本交通、コカ・コーラ、富士通のワープロ「マイ・オアシス」、丸八真綿、アサヒビールエビオス」

といったところである。

負けた力士は土俵に戻り一礼して去り、勝った力士は戻って行司から勝ち名乗りを受け、懸賞があればのし袋に入った懸賞がそこで渡される。力士は左右に手刀を切ってこれを受け取る。むんずと摑む力士もいる。一袋に入っているのは三万円で、本来は六万二千円だが、税金と手数料を引いて三万円になる。

†一九八七年——横綱双羽黒の「失踪」

一九八七年初場所は、千代の富士が二敗、双羽黒が三敗で千秋楽に直接対決、双羽黒が勝って三敗で並び、十年八か月ぶりの横綱同士の優勝決定戦となった。しかし**千代の富士**は右を差して上背のある双羽黒に頭をつけて簡単に吊りだし、優勝した。この場所、元小結の大豊(時津風)が引退し、荒汐親方となった。

三月、佐渡ヶ嶽部屋つきの尾車親方(元・琴風)が独立して、埼玉県草加市に尾車部屋を開いた。

春場所は、双羽黒が途中休場し、千代の富士も十一勝で、大関の**北勝海**が十二勝で優勝した。この時関脇には小錦と旭富士、小結に益荒雄《ますらお》がいた。益荒雄は押尾川部屋で、「白いウルフ」のあだ名があった。この場所、元関脇の魁輝《かいき》（友綱部屋）が引退して高島親方になり、大鵬部屋の嗣子鵬《ししほう》（満山）が廃業した。

この春、私は比較文学の大学院に進学した。三月二十日ころ八王子の大学セミナーハウスで研究室の合宿があり、私は相撲と歌舞伎を観るのが好きだと自己紹介したら、あとで話しかけてきた女性がいた。一年先輩で、年齢は一つ下の人だったが、私は夏過ぎにはこの女性に恋着して以後多大なる迷惑をかけることになるのである。

ちょうどその頃、『グラフNHK』夏場所号に、ノンフィクション作家の工藤美代子の相撲エッセイが載っていた。夫と一緒に相撲を観ると、工藤が「寺尾ちゃんかわいいー」などと力士の美醜のことばかり言うので、まじめに相撲を観ている夫に嫌がられるというのろけエッセイだった。工藤は当時三十七くらいだが、私の母に顔だちが似ていて、かわいらしかった。夫は調べるとカナダのブリティッシュ・コロンビア大学で日本文学を教える鶴田欣也という教授である。工藤の母方の実家は工藤写真館といって両国にあり、力士の写真もよく撮ったと母親から聞いた話もあった。工藤はそのころ「朝日新聞」の書評委員もしていて、私は憧れの気持ちを抱いた。

東			西		
横綱	◎千代の富士	九重 32	横綱	○双羽黒	立浪 23
張出横綱	○北勝海	九重 24			
大関	○大乃国	放駒 24	大関	○小　錦	高砂 23
張出大関	○朝　潮	高砂 31	張出大関	●若嶋津	二子山 30
			張出大関	○北天佑	三保関 26
関脇	○旭富士	大島 27	関脇	●益荒雄	押尾川 26
小結	○栃乃和歌	春日野 25	小結	●両　国	出羽海 25
前頭1	●太寿山	二子山 28	前頭1	●花乃湖	放駒 26
前頭2	●起利錦	鏡山 24	前頭2	●多賀竜	鏡山 29
前頭3	●逆　鉾	井筒 26	前頭3	●大　錦	出羽海 33
前頭4	●玉　龍	片男波 33	前頭4	●板　井	大鳴戸 31
前頭5	●寺　尾	井筒 24	前頭5	●琴ヶ梅	佐渡嶽 23
前頭6	●薩洲洋	井筒 30	前頭6	●栃　司	春日野 29
前頭7	●霧　島	井筒 28	前頭7	●高望山	熊ヶ谷 29
前頭8	○前乃臻	高田川 26	前頭8	○巨　砲	大鵬 31
前頭9	○麒麟児	二所関 34	前頭9	○孝乃富士	九重 23
前頭10	○出羽の花	出羽海 36	前頭10	○陣　岳	井筒 27
前頭11	○佐田の海	出羽海 31	前頭11	○大　徹	二所関 30
前頭12	○闘　竜	三保関 28	前頭12	○騏乃嵐	押尾川 26
前頭13	●若瀬川	伊勢濱 25	前頭13	○隆三杉	二子山 26

1987年7月場所番付（北勝海横綱昇進・小錦大関昇進時）
＊◎＝優勝、○＝勝ち越し、●＝負け越し、数字は年齢

夏場所は、大関・**大乃国**が十五戦全勝で優勝、大関・北勝海は十三勝の準優勝で、場所後、横綱に推挙され、関脇・小錦は十二勝をあげて場所後、大関に昇進した（三場所で三十三勝）。これで三横綱に五大関となる。また元関脇・金城《かねしろ》は、一時期栃光も名のった春日野部屋の力士だったがこの場所で廃業した。若嶋津は十二日までに八敗して休場、角番となった。

九重部屋には二人の横綱がいることになり、千代の富士は「大将」と呼ばれるようになった。

名古屋場所では、二日目まで連敗した若嶋津がさっと引退、松ヶ根親方となった。優勝は十四勝で**千代の富士**だ

東			西		
横綱	○北勝海	九重 24	横綱	○大乃国	放駒 25
張出横綱	◎千代の富士	九重 32	張出横綱	○双羽黒	立浪 24
大関	○小　錦	高砂 23	大関	○旭富士	大島 27
張出大関	○朝　潮	高砂 31	張出大関	○北天佑	三保関 27
関脇	●栃乃和歌	春日野 25	関脇	○逆　鉾	井筒 26
小結	●陣　岳	井筒 27	小結	●玉　龍	片男波 33
前頭1	●隆三杉	二子山 26	前頭1	●太寿山	二子山 28
前頭2	●板　井	大鳴戸 31	前頭2	●花乃湖	放駒 26
前頭3	●琴ヶ梅	佐渡嶽 24	前頭3	●起利錦	鏡山 25
前頭4	●高望山	熊ヶ谷 30	前頭4	●前乃臻	高田川 26
前頭5	●出羽の花	出羽海 36	前頭5	●薩洲洋	井筒 30
前頭6	○栃　司	春日野 29	前頭6	○富士乃真	九重 27
前頭7	○麒麟児	二所関 34	前頭7	●霧　島	井筒 28
前頭8	○両　国	出羽海 25	前頭8	○巨　砲	大鵬 31
前頭9	○孝乃富士	九重 24	前頭9	○寺　尾	井筒 24
前頭10	○多賀竜	鏡山 29	前頭10	○大　徹	二所関 31
前頭11	○佐田の海	出羽海 31	前頭11	○闘　竜	三保関 28
前頭12	○琴稲妻	佐渡嶽 25	前頭12	○南海龍	高砂 22
前頭13	○恵那櫻	押尾川 27	前頭13	●益荒雄	押尾川 26

1987年11月場所番付（大乃国横綱昇進・旭富士大関昇進時）
*◎＝優勝、○＝勝ち越し、●＝負け越し、数字は年齢

が、一敗は大乃国に対してである。かつて鳴り物入りでデビューした服部は、この場所で廃業した。春日野部屋の蜂矢が引退し、小野川親方になった。また押尾川部屋の田上《たうえ》は、十両に上がって玉麒麟《たまきりん》を名のっていたが、この場所で廃業、田上明としてプロレス入りした。

秋場所では、**北勝海**が大乃国に負けた一敗だけで優勝、その大乃国は十三勝の準優勝で、横綱に推挙された。また関脇の旭富士が十二勝をあげ、大関に昇進した（三場所で三十三勝）。これで千代、北勝海、双羽黒、大乃国の四横綱、朝潮、小錦、北天佑、旭富士の四大関という豪華布陣である。九州場所では、西サモア出身の南海龍（高砂部屋）が新入幕にな

った。

中曽根の五年間の任期全うを受け、竹下登、安倍晋太郎、宮澤喜一と後継が取りざたされたが、最大派閥竹下派を率いる竹下を中曽根が指名し、十一月六日、竹下が総理大臣になった。

九州場所では**千代の富士**が十五戦全勝で優勝、双羽黒は十三日目まで全勝で並走したが、十四日目に北勝海、千秋楽千代の富士に敗れて十三勝に終わった。

ここまで一度も優勝できない横綱の双羽黒だが、次はするだろう、という瀬戸際までは来ていた。その年も押し詰まった十二月三十日、いきなり新聞に「横綱・双羽黒が失踪」という記事が出たから驚いた。大の大人が「失踪」とはどういうことか。記事を読むと、ちゃんこのことで親方と喧嘩し、おかみさんにケガをさせて部屋から出た、ということなのだが、これは角界では重大問題である、ということを理解するまで、テレビのニュースなどを見つつ時間がかかった。

力士は、相撲協会の職員でありながら、部屋の一員でもある。英語ではこの部屋をstableというが、これは厩舎《きゅうしゃ》のことでもある。親方と仲が悪いならほかの部屋へ、ということは、ないではないが喧嘩して脱走したらまずいらしい。それでも素人としては、まあ譴責《けんせき》とかそういうことで済むのだろうと思っていたら、急転直下、翌日大晦日には「廃

場所	幕内最高優勝	三賞
1月場所	千代の富士貢(12勝3敗⑳)	㊮小錦、㊦益荒雄
3月場所	北勝海信芳(12勝3敗②)	㊮益荒雄、㊔栃乃和歌、㊦花乃湖
5月場所	大乃国康(15戦全勝①)	㊮益荒雄、㊔小錦、㊦旭富士
7月場所	千代の富士貢(14勝1敗㉑)	㊮栃乃和歌、㊔出羽の花、㊦旭富士
9月場所	北勝海信芳(14勝1敗③)	㊮逆鉾、㊔旭富士、㊦旭富士
11月場所	千代の富士貢(15戦全勝㉒)	㊮逆鉾、㊦栃司
年間最多勝＝北勝海信芳(72勝18敗)		

1987年本場所

＊丸数字は優勝回数。㊮＝殊勲賞、㊔＝敢闘賞、㊦＝技能賞。

業」が決まっていたのである。

その後の双羽黒、いや北尾光司は、ひたすら無残だった。『週刊プレイボーイ』に、開高健が人生相談をする「風に訊け」というコーナーがあったが、北尾は同誌に「綱に訊け」を連載し、「俺は二十四歳で相撲界の頂点を極めた男」と言いつつ、エラソーな態度で人生相談をした。ほぼ同年齢の私は、はじめ何かの冗談だと思ったくらいだった。主に高校生をリスナーとするラジオ番組でも、リスナーから「腐っているもの、双羽黒の根性」などというハガキが来ていた。そして北尾は、プロレスへ行った。

当時の立浪親方は、元関脇・羽黒山だが、もとの名前の安念山《あんねんやま》のほうが通りがいい。師匠の元横綱・羽黒山の娘と結婚して部屋を継承し、旭國や黒姫山を育てた。のち、旭豊を養子・女婿にしたが、部屋を継承した旭豊は前立浪と意見の食い違いが起き、旭豊の引退相撲の収益を前立浪が持ち逃げするなどしたため婚約を破棄して、前立浪に民事訴訟を起こされた。だが最終的に前立浪の敗訴となり、旭豊は北尾を部屋のアドバイザーとして招いた。

北尾は、かつての親方との確執を反省していたというが、安念山という人に、どこか親方として足りないところもあった、と考えるのが自然だろう。

相撲に限らないしスポーツにも限らないが、若くしてある世界の頂点を極めるというのは、何かと思い上がりとトラブルのもとである。

ところで一般に横綱には「代目」をつけている。千代の富士は第五十八代横綱といった具合だが、これはおかしいのではないかと言われており、実際おかしい。ある時期「五十八人目」のような表現をしていたメディアもあったが、「代目」がまた復活している。栃錦の横綱昇進の時のニュース映画では「四十四人目」と言っており、「代目」は七〇年代以降に定着した気がする。

それと、「北の湖」や「貴乃花」などの一代年寄について「襲名」という語を使うのもおかしい。これは歌舞伎のほうでも、初代猿翁の時、初代猿翁、三代目猿之助襲名と、「猿翁」も襲名のように見えて奇異だったが、最近でも坂東楽善《らくぜん》(もと彦三郎)についてそれが起きている。初代を「襲名」というのはおかしいだろう。

この年は、村上春樹の『ノルウェイの森』と俵万智の『サラダ記念日』がベストセラー本になった。

†一九八八年――千代の富士五十三連勝

一九八八年初場所で、春日野理事長が勇退し、二子山に理事長を譲った。この場所、久《く》島海《しまうみ》が幕下付け出しでデビューした。本名・久嶋啓太、高校生でのアマチュア横綱、日大に入っても成績をあげ、出羽海部屋へ入門した。服部で懲りず、またマスコミは、まあ騒いで、NHKの朝の番組に、久嶋と父親の啓太《ひらく》夫が出演していて、アナウンサーが間違えて「ひらく君」と久嶋に呼び掛けて言い直したのを覚えている。

しかし久島海も、前頭筆頭が最高位で、三役にも上がれず引退、田子ノ浦親方にはなって、早くに死んでしまった。マスコミは以後、学生相撲出身者の角界入りに大騒ぎをすることはなくなった。その後、学生相撲出身者は増えたが、武双山、出島、雅山、朝乃山、正代と、大関まで上がった者はいるが、輪島のように横綱になった例はない。

この初場所は、大関・**旭富士**が十四勝で優勝した。一敗は北勝海。準優勝が小錦の十三勝だが、大乃国は四敗して途中休場、千代の富士は十二勝だった。元関脇・出羽の花が引退して出来山親方となり、元小結の大潮（時津風）が引退して式秀親方（式守秀五郎）、元小結の大錦（出羽海）が引退して山科親方となった。大潮は当時四十歳で、通算出場記録が千八百九十一番と史上一位の記録を持ち今もこれは破られていない。大錦は横綱の名前をしこ名に貰っているが、新入幕で横綱・琴櫻や大関・貴ノ花を破り、千秋楽の三役揃い踏みに参加し、三賞を独占した。三賞独占は前場所で大受《だいじゅ》もしているが、その後は、平幕で優勝しても三賞独占ということはなくなった。

立浪部屋に所属していた、元・北《きた》の洋《なだ》の武隈親方が定年退職し、NHKの相撲中継の解説者に、緒方昇の本名で登場するようになった。

春場所で場所前に話題をさらったのが、藤島親方、つまり元・貴ノ花の息子二人の角界入りである。弟・光司が明大中野中学校卒業を機に兄・勝も高校を中退して、父に入門し、若花田と貴花田の名でデビューしたから、マスコミは以後「若貴兄弟」で大騒ぎとなった。

春場所は、千代の富士は休場、大乃国が二敗、北勝海が一敗で千秋楽を迎え、大乃国が本割で勝って優勝決定戦となり、寄られたが土俵際で突き落とし、**大乃国**が逆転優勝した。

ここで問題になったのが旭富士の処遇である。十二勝しているから準優勝で、先場所優勝なのだから、過去の基準なら横綱推挙である。しかるに双羽黒事件に懲りた協会は、この後しばらく、本当に二場所連続優勝しないと横綱に上げなくなってしまったのである。しかも双羽黒は立浪部屋、旭富士は立浪部屋出身の旭國の大島部屋で、一門の横綱に迷惑をかけられた形になってしまった。

夏場所は**千代の富士**が十四勝で優勝し、旭富士は十二勝で準優勝だったが、やはり横綱

場所	幕内最高優勝	三賞
1月場所	旭富士正也（14勝1敗①）	㊙逆鉾、㊔琴ヶ梅
3月場所	大乃国康（13勝2敗②）	㊔麒麟児
5月場所	千代の富士貢（14勝1敗㉓）	㊙琴ヶ梅、㊔太寿山、水戸泉
7月場所	千代の富士貢（15戦全勝㉔）	㊙逆鉾、㊔安芸ノ島
9月場所	千代の富士貢（15戦全勝㉕）	㊙水戸泉、安芸ノ島、㊔花ノ国、琴富士
11月場所	千代の富士貢（14勝1敗㉖）	㊕霧島
年間最多勝＝旭富士正也（73勝17敗）		

1988年本場所
＊丸数字は優勝回数。㊙＝殊勲賞、㊔＝敢闘賞、㊕＝技能賞。

の声はかからなかった。千代の富士は六日目に関脇の琴ヶ梅に敗れていたが、これが五十三連勝の始まりとなった。名古屋場所、秋場所と**千代の富士**は全勝優勝した。名古屋場所で出羽海部屋の元小結・佐田の海が引退し、二十山《はたちやま》親方となった。佐田の海は一時は北天佑のライバルとも見なされ、大関の期待もかかったが、関脇にも上がれなかった。のち協会を退職し、現在は息子が二代目・佐田の海を名乗ってとっている。

秋場所は北勝海が全休、大乃国は八勝七敗と冴えず、旭富士は十二勝をあげたが優勝が全勝では仕方がない。小錦は三勝十二敗と大きく負け越して角番となる。場所後、元関脇の麒麟児が引退し、北陣《きたじん》親方を継いだ。板井の前に八百長の中盆だった、と言われたのが麒麟児だという。また西サモアから来た南海龍が、酒癖の悪さのため廃業して帰国した。十月には、その師匠だった元・朝潮の高砂親方が五十八歳で死去、部屋は部屋つきの元小結・富士錦が継いだ。

『週刊ポスト』の八百長批判は続いていた。それによれば、今は千代の富士と北勝海が八百長がらみで優勝を回しており、ガチンコなのは藤島部屋と大乃国らである。この九月、NHKで長く相撲解説を務めた玉の海梅吉が、同誌に登場して相撲協会へ苦言を呈したが、十月二十三日、七十五歳で死去した（九月二十三日号より）。ウィキペディアの「玉の海梅吉」の項には、この件について何も書かれていない。

九州場所も初日から**千代の富士**は快調に白星を重ね、世間は連勝記録に沸いた。二敗でついてきていた旭富士を十四日目に破って優勝は決めた。千秋楽の相手は大乃国だが、ここまで四敗、誰もが千代の富士が勝って五十四連勝にして来場所へつなぐものと思った。双葉山の六十九連勝を抜くのではないかと言われた。あとから考えたら横綱の大乃国をバカにした話である。もっとも連勝中、NHKに解説で呼ばれた大鳴戸親方（元・高鐵山）が、「（止めるのは）大乃国しかいないんだからね」と本当のことを言ってしまったら二度とお呼びがかからなかったという。八百長を示唆した発言とされるが、普通に、止めるなら横綱の大乃国、ともとれる。

大乃国は左の上手をとり、千代の富士は半身になって投げを打つが上手を離さず、あっさりと寄り倒して大乃国の勝ちとなり、連勝は五十三で止まった。支度部屋で記者に囲まれた千代の富士はプンプンしていて、「また五十三連勝」などと言われて「もう終わりだよ！」と声を荒げた。引退後、テレビ番組に出た千代の富士は、五十三連勝ストップの話題で、女性ゲストから「残念でしたねー」と言われると、声を細めて「残念だったね〜」などと言ったから、「いえ、相手も横綱ですから」くらい言って大乃国を称えられないのか、と私は、千代の富士の人柄の悪さをまざまざと感じた。

大乃国は二回の優勝しかできずに引退したが、要するに大乃国はガチンコ力士だったので、注射が効かなかったというわけ、千代の富士はのち、けっこう八百長で勝っていたと囁かれ、親方になっても人望は大乃国のほうにあった。私は大乃国は同い年だから、大乃国のために義憤を感じたものだ。当時、私と同い年の有名人は、大乃国と俵万智だった。

大乃国の天敵だったのが大鳴戸部屋の板井である。板井は実業団の黒崎窯業《ようぎょう》から角界に入り、はじめ親方のしこ名で高鐵山《こうてつやま》を名のったが、すぐ本名の板井にした。板井は手に包帯をぐるぐると巻いて、その手で相手の顔を張るのが得意技で、相撲では拳固で殴ってはいけないのだから反則すれすれで、これを盛んにやられたのが大乃国である。一度など、そのハンマーみたいな手を立ち上がりざま顔に浴びて脳震盪を起こして倒れてしまったこともある。

板井は春日山を襲名するはずだったが、八百長の中盆として知られていたため、理事会で親方になるのを拒否され、角界を去った。その時、陣幕（北の富士）が、「板井を辞めさせたら八百長のことを

板井

しゃべってしまいますよ」と言ったが、実際に、自分が八百長の中盆をしていたという相撲界告発をして人生を送った。大乃国はガチンコで、板井を嫌っていたから狙い撃ちされたのだろうと思われるが、板井は否定している。大乃国の付け人まで「今回もお願いします。みんなこれを楽しみにしているんです」と板井の付け人だった元力士が言っているという。板井が千代の富士ととった相撲では、最後にわざと負けているのが分かるものがある。

このころの幕内上位には、逆鉾と寺尾の井筒兄弟、やはり井筒部屋の美男力士・霧島、藤島部屋の安芸ノ島らがいた。私からすると、のち大関になる霧島のほうがいい男なのだが、女性の間では細面で苦みばしった寺尾の人気がやたら高かった。

十二月、花籠部屋つきだった峰崎親方（元・三杉磯）が独立して練馬区に峰崎部屋を興した。

†一九八九年——横綱大乃国の負け越し

前年から天皇の病気が伝えられてきたが、年を越した一月はじめ、ついに死去し、元号が平成に変わった。初場所は、一月八日からの予定だったが、これを受けて一日延期し、九日の月曜から始まって月曜に千秋楽となった。北勝海が全勝、旭富士が一敗で千秋楽を迎え、直接対決で旭富士が勝ったが、決定戦で**北勝海**が勝ち優勝した。元幕内の竹葉山《ちくばやま》が引退し、中川親方となった。のち宮城野親方となり、白鵬の師匠となる力士である。

場所後の一月二十九日、旭富士が、婚約者の榎本淳子とホテルニューオータニで結婚披露宴を挙げた。相手は春日山親方の姪だという。二月七日には、大乃国の藤咲《ふじさく》紀子との結婚披露宴があった。

二月には鳴戸親方（元・隆の里）が分家独立して鳴戸部屋を興した。若の里、稀勢の里などを育てた。

春場所は、四日目まで朝潮が連敗して、ついに引退し、山響《やまひびき》親方となった。**千代の富士**が十四勝で優勝したが、十四日目に大乃国を破って優勝を決めた際に投げで左肩を脱臼し、千秋楽は休場、表彰式には現れて右手だけで優勝賜杯を抱いた。旭富士は十三勝の準優勝だが、横綱には上げてもらえない。

夏場所は、千代の富士が全休、またも北勝海と旭富士が十三勝で並び、優勝決定戦で**北勝海**が勝つ。元小結の花乃湖《はなのうみ》が引退し、花籠親方となるが、花籠株には輪島の借金がついて回り、のち花乃湖は廃業した。

このころリクルート事件で政界は騒然とし、竹下は後継に、外相を務めた宇野宗佑《そうすけ》を指名し、六月三日に宇野内閣が発足した。

場所	幕内最高優勝	三賞
1月場所	北勝海信芳（14勝1敗④）	㊢寺尾、㊞旭道山、㊎逆鉾
3月場所	千代の富士貢（14勝1敗㉗）	㊢板井、㊞安芸ノ島、益荒雄、㊎板井
5月場所	北勝海信芳（13勝2敗⑤）	㊢霧島、㊞恵那櫻
7月場所	千代の富士貢（12勝3敗㉘）	㊞琴ヶ梅、太寿山、㊎寺尾
9月場所	千代の富士貢（15戦全勝㉙）	㊞寺尾、㊎琴ヶ梅
11月場所	小錦八十吉（14勝1敗①）	㊢両国、㊞水戸泉、㊎霧島
年間最多勝＝北勝海信芳（72勝18敗）		

1989年本場所

＊丸数字は優勝回数。㊢＝殊勲賞、㊞＝敢闘賞、㊎＝技能賞。

六月十二日に、千代の富士の生まれたばかりの娘・愛が、乳幼児突然死症候群で死ぬという事件があり、名古屋場所ではその件にひっかけての千代の富士応援があり、十二勝三敗で北勝海と並び、同部屋での優勝決定戦となった。しかしこれは、北勝海は勝つわけにはいかない一番である。あれこれしたあげく、最後は、「大将、投げろ」といった感じで**千代の富士**が勝った。アナウンサーは「愛ちゃん見てくれ、という投げでした」などと言っていた。元関脇で春日野部屋の舛田山が引退し、千賀ノ浦親方となった。

しかし大乃国はこのころ、「睡眠時無呼吸症候群」という病気の診断をされていた。この報道で、日本国民の多くは初めてこの病名を知った。

その一週間後に参議院選挙があり、自民党が大敗し、幹事長の橋本龍太郎が「チクショー」と呟いた。宇野は即座に退陣し、後継にはクリーンなイメージのある河本派の海部俊樹が選ばれ、八月に組閣したが、幹事長となったのが竹下派の小沢一郎で、事実上の小沢内閣とも言われた。

秋場所は**千代の富士**が全勝優勝したが、大乃国は七勝八敗と負け越してしまう。千代の富士は場所中に通算勝ち星の新記録を達成し、場所後に大相撲で初の国民栄誉賞授与が決定した。さらに協会は一代年寄「千代の富士」を満場一致で承認したが、千代の富士は辞退した。一代年寄になると、大鵬や北の湖がそうだったが、自分が定年退職する時に部屋の名前を残せない。そういう意味で、一代年寄は最高にありがたいものではない、ということが分かった。

場所後、元関脇の蔵間が引退し、錣山《しころやま》親方になったが、ほどなく退職してタレントになり、若くして死んだ。引退前に、急性骨髄性白血病と診断されていたことが分かった。

十一月九日、ベルリンの壁が崩壊して東西ドイツの統一に進み、これがソ連の解体へ進む第一歩となった。

蔵間

九州場所では、大乃国が全休したが、**小錦**が十四勝で初優勝した。だがこの場所の話題は、史上最年少で関取、つまり新十両となった貴花田である。十七歳二か月という若さで、幕下優勝二回、兄はまだ幕下。十両では八勝七敗とかろうじて勝ち越した。この場所五日目、千代の富士と寺尾の対戦で、千代の富士が後ろ向きになった寺尾を吊り上げてたたきつけるように落として勝ったから観客は驚いたが、これは八百長を断ったかららしい。

力士の体形から「あんこ型」「そっぷ型」という分類がある。いかにもお相撲さんらしく丸々としたのがあんこ型、ひょろ長くてさほど太っていないのがそっぷ型で、双羽黒などはそっぷ型である。「そっぷ」とはスープのことで、スープをとったあとの鶏ガラのようだ、というのでそっぷ型である。

相撲の取り口では、突き押し相撲と四つ相撲とがある。突き押しタイプとして、麒麟児、富士櫻、荒勢、小錦らがいるが、これで大関・横綱にはあまりなれない。四つ相撲の場合、右四つというのは、右腕を相手の脇に差し込んで回しをとった形、左四つはその逆である。力士それぞれに得意な四つがあり、あの力士は右四つなどというが、どちらとも言えない場合は「なまくら四つ」と言う。対戦する二人が右四つ同士だと、右四つにがっぷり組むことになるが、右四つと左四つの対戦だとそこの争いになるから「喧嘩四つ」と言う。

右四つから右手で相手の体を投げるのが下手投げ、上手をとった手で投げるのが上手投げで、上手投げのほうが下手投げより強いとされるが、横綱・輪島は左下手投げを得意とし、「黄金の左」と呼ばれた。両方の腕を差し入れるのが「両差し《もろざ》」で、鶴ヶ嶺が両差しの名人と言われた。相手が大きい場合は両差しを両側から抑えつけるのを「閂《かんぬき》」に決める」と言う。

まわしをとらずに脇に差した腕だけで投げをうつのを「すくい投げ」という。決まり手ははっきり分かるわけではなく、審判部の決まり手係が決めるが、あとで訂正のアナウンスが入ることもある。四十八手というが実際は六十手くらいあり、だが実際に使われるのは上手投げ、下手投げ、すくい投げ、寄り切り、寄り倒し、上手出し投げ、下手出し投げ、押し出し、押し倒し、あびせ倒し、小股すくい、とったり、内がけ、外がけ、内無双、といったあたりか。猫だましという、立ち合いに相手の目の前で両手をパチンとあわせる奇襲技があるが、これは決まり手ではない。勇み足も、よくあるが決まり手ではない。

この時期の相撲協会幹部は、

理事長・二子山、理事・出羽海（佐田の山）、大鵬、伊勢ヶ濱（清国）、立浪（羽黒山）、時津風（豊山）、鏡山（柏戸）、中立《なかだち》（栃ノ海）、九重（北の富士）、監事・佐渡ヶ嶽、春日山（大昇）、北の湖

という陣容である。

†一九九〇年――旭富士横綱昇進

一九九〇年、一月十日、前理事長の春日野親方（元・栃錦）が六十四歳で死去した。定年を迎える一か月前のことだった。

その初場所は、**千代の富士**が十四勝で優勝。この場所、元関脇の闘竜（三保ヶ関）が引退し、二十山親方となったが、のち廃業した。この表彰式で、海部内閣の官房長官だった森山真弓が、代理で内閣総理大臣杯を渡したいと申し出たところ、二子山理事長から、土俵は女人禁制であるから、と断られる事件があった。一九七八年に、小学生の「わんぱく相撲」東京場所・荒川区予選で小学五年の女児が優勝したが、蔵前国技館で開かれる決勝出場を日本相撲協会が拒否するという事件があった。以後、この問題は延々と議論されることになる。なお、『グラフNHK』に、「前号に不適切な写真が載り関係各位にご迷惑をおかけしました」というお詫び文が載ったことがあり、何かと思って前号を見たら、NHKの職員らしい二人が土俵上で組み合っている写真があった。カメラテストだろうが、靴で土俵に上がっていたのだ。

場所後の二月二日、出羽海部屋で入幕したばかりの竜興山《りゅうこうざん》という力士が、突然倒れて二十二歳で死んだ。また月末に春場所の番付が発表され、幕下から三段目に落ちることが分

東			西		
横綱	○北勝海	九重 26	横綱	○千代の富士	九重 34
張出横綱	●大乃国	放駒 27			
大関	○小　錦	高砂 26	大関	○霧　島	井筒 31
張出大関	○北天佑	三保関 29	張出大関	◎旭富士	大島 29
関脇	●寺　尾	井筒 27	関脇	●栃乃和歌	春日野 28
小結	●両　国	出羽海 27	小結	●琴ヶ梅	佐渡嶽 26
前頭1	○安芸ノ島	藤島 23	前頭1	○琴富士	佐渡嶽 25
前頭2	●小城ノ花	出羽海 22	前頭2	●逆　鉾	井筒 28
前頭3	●琴稲妻	佐渡嶽 28	前頭3	●春日富士	春日山 24
前頭4	●久島海	出羽海 24	前頭4	●若瀬川	伊勢濱 27
前頭5	○板　井	大鳴戸 34	前頭5	●恵那櫻	押尾川 29
前頭6	○花ノ国	放駒 30	前頭6	○琴　錦	佐渡嶽 21
前頭7	○水戸泉	高砂 27	前頭7	●旭道山	大島 25
前頭8	○巨　砲	大鵬 34	前頭8	○陣　岳	井筒 30
前頭9	○孝乃富士	九重 26	前頭9	○太寿山	二子山 31
前頭10	○隆三杉	二子山 29	前頭10	○三杉里	二子山 27
前頭11	○起利錦	鏡山 27	前頭11	○栃　司	春日野 32
前頭12	○多賀竜	鏡山 32	前頭12	●益荒雄	押尾川 28
前頭13	○旭豪山	大島 21	前頭13	○貴ノ浜	藤島 24
前頭14	●貴花田	藤島 17			

1990年5月場所番付（霧島大関昇進時）
＊◎＝優勝、○＝勝ち越し、●＝負け越し、数字は年齢

かった栃赤城が、師匠の栃錦に別れを告げて廃業し、実家へ帰って洋品店の手伝いをすることになった。

二月十八日、北勝海がホテルニューオータニで山口輝志子と結婚式を挙げた。同日、松ヶ根親方（元・若嶋津）は二子山部屋から独立して松ヶ根部屋を興した。

春場所では、若花田が弟に遅れたが新十両に上がった。幕内優勝は、北勝海、小錦、関脇・霧島の三人が十三勝二敗で千秋楽を終え、三人での巴戦による優勝決定戦となった。これはくじ引きで二人が対戦し、勝ったほうと残った一人が対戦、勝てば優勝だが、負ければ残ったほうがもう一人と対戦し、

二連勝したら優勝、二連勝する力士が出るまで続けるというものだ。巴戦は二十五年ぶりといい、私はむろん初めて見た。最初は北勝海―小錦で小錦が勝つが、霧島―小錦で霧島が勝つ。霧島―北勝海で北勝海が勝ち、**北勝海**が小錦を破って六回目の優勝を決めた。場所後、霧島は大関に昇進した（三場所で三十四勝）。

旭富士

四月に『グラフNHK』が月刊から週刊の『NHKウィークリー　STEARA』に衣替えし、相撲雑誌も『別冊ステラ　大相撲特集』に変わった。

四月末、元関脇栃東《とちあずま》の玉ノ井親方が、師匠の死去によって独立を許され、玉ノ井部屋を開いた。のち息子の二代目栃東を出す。

夏場所では、ついに貴花田が新入幕を果たしたが、四勝十一敗と壁に当り、十両に落ちる。**旭富士**が十四勝で優勝した。千代の富士は十三勝。元関脇の鳳凰が場所後、廃業した。

六月はブラジル公演があった。トーナメント戦を行い、千代の富士が総合優勝した。

この六月に、私は修士論文を書き直して福武書店から刊行した。しかし、私が期待したほどの世評は得られず、八月からカナダのヴァンクーヴァーのブリティッシュ・コロンビア大学の博士課程に進学して、海を越えた。先に出た工藤美代子の夫である鶴田欣也先生のもとで日本文学を学ぶことになっていた。日本人が外国へ行って日本文学を学ぶのが、

東			西		
横綱	●千代の富士	九重 35	横綱	○旭富士	大島 30
張出横綱	◎北勝海	九重 27	張出横綱	●大乃国	放駒 27
大関	○小　錦	高砂 26	大関	●北天佑	三保関 30
張出大関	○霧　島	井筒 31			
関脇	●安芸ノ島	藤島 23	関脇	○寺　尾	井筒 27
小結	○琴　錦	佐渡嶽 22	小結	●陣　岳	井筒 30
前頭 1	○栃乃和歌	春日野 28	前頭 1	●三杉里	二子山 28
前頭 2	●隆三杉	二子山 29	前頭 2	●栃　司	春日野 32
前頭 3	●琴ヶ梅	佐渡嶽 26	前頭 3	●豊ノ海	藤島 25
前頭 4	●両　国	出羽海 28	前頭 4	●春日富士	安治川 24
前頭 5	●琴富士	佐渡嶽 25	前頭 5	○逆　鉾	井筒 29
前頭 6	●起利錦	鏡山 28	前頭 6	●若瀬川	伊勢濱 28
前頭 7	●水戸泉	高砂 28	前頭 7	○恵那櫻	押尾川 30
前頭 8	○巨　砲	大鵬 34	前頭 8	●旭道山	大島 25
前頭 9	○板　井	大鳴戸 34	前頭 9	○孝乃富士	九重 26
前頭 10	○琴稲妻	佐渡嶽 28	前頭 10	○若花田	藤島 19
前頭 11	○花ノ国	放駒 30	前頭 11	○太寿山	二子山 31
前頭 12	○大翔山	立浪 24	前頭 12	●多賀竜	鏡山 32
前頭 13	○貴闘力	藤島 23	前頭 13	●旭豪山	大島 22
前頭 14	○曙	東関 21			

1990 年 9 月場所番付（旭富士横綱昇進時）

＊◎＝優勝、○＝勝ち越し、●＝負け越し、数字は年齢

場所	幕内最高優勝	三賞
1月場所	千代の富士貢(14 勝 1 敗㉚)	㊛霧島、㊔栃乃和歌
3月場所	北勝海信芳（13 勝 2 敗⑥）	㊛霧島、安芸ノ島、㊔両国、久島海、㊕霧島
5月場所	旭富士正也（14 勝 1 敗②）	㊛安芸ノ島、㊔琴錦、孝乃富士、㊕安芸ノ島
7月場所	旭富士正也（14 勝 1 敗③）	㊛琴錦、㊔安芸ノ島、春日富士
9月場所	北勝海信芳（14 勝 1 敗⑦）	㊛琴錦、㊔貴闘力
11月場所	千代の富士貢(13 勝 2 敗㉛)	㊛琴錦、安芸ノ島、㊔曙、㊕琴錦
年間最多勝＝旭富士正也（70 勝 20 敗）		

1990 年本場所

＊丸数字は優勝回数。㊛＝殊勲賞、㊔＝敢闘賞、㊕＝技能賞。

当時はちょっとはやっていたのだが、考えたら妙な話である。それから年末まで、私は相撲に関する情報を得ることができなかった。

名古屋場所も**旭富士**は十四勝で優勝、連続優勝してようやく横綱に上がれた。だがこの場所、大関も期待された益荒雄はケガのため十両にいたが、負け越して幕下陥落の見込みとなり、二十九歳で早すぎる引退となり、錣山《しころやま》親方となった。

これで四横綱となったが、秋場所は千代の富士と大乃国が全休、北天佑は三日目から四連敗し、あっさり引退してしまい、二十山親方になった。優勝は十四勝の**北勝海**。この場所後には、元小結の大徹《だいてつ》が引退して湊川親方に、九重部屋の富士乃真《ふじのしん》が引退して錦戸にと引退が多かった。若花田は新入幕を果たしている。

九州場所は**千代の富士**、三十一回目の優勝で、大鵬の三十二回にあと一回と迫った。しかし大鵬親方は当然不満で、千代の富士はどこまで欲が深いんだ、と憤りを漏らしていたとも言う。場所後、元関脇・高望山《こうぼうやま》が引退して高島親方になった。長く庄之助を務めた二十七代木村庄之助は、この場所限りで定年となった（熊谷宗吉）。伊之助の後藤悟が、翌場所、二十八代庄之助を襲名した。次の式守伊之助は木村庄太郎がなる予定だったが、春日野部屋の木村庄二郎が年かさでもあり、庄太郎が譲って、庄二郎が六十二歳で二十六代式守伊之助となった。

鶴田先生の授業は、アジア・センターという建物の地下の研究室で行われており、先生は、日本にいる工藤美代子から送られてきた新聞の相撲記事のファックスを見せてくれた。もっとも私が工藤美代子と会う機会はついになかった。鶴田先生は、「産経新聞」の小田島という記者の相撲記事がいいんだ、と言っていた。

†一九九一年――千代の富士引退

一九九一年初場所は、千代の富士が三日目から休場し、大関・**霧島**が優勝した。場所後、陸奥部屋の星岩濤《ほしいわと》が引退して陸奥《みちのく》親方となった。陸奥親方は星甲《ほしかぶと》だったが、二月に定年を迎えるので、それを継承したのである。時津風系の部屋である。

一月初めから私は衛星版の「読売新聞」をとり始めたので、一日遅れながら相撲の結果が分かるようになり、例の力士別カードもそれを見て記入するようになった。新聞は夕方に届くのだが、最初の新聞が、湾岸戦争の勃発を伝えるものだった。

春場所は、千代の富士は休場、北勝海と大乃国が一敗する中、前頭十三枚目の貴花田が全勝で来たから、大騒ぎである。このまま優勝かと思いきや、十三日目に小錦に当てられて敗れ、さらに旭富士、琴錦に敗れて三敗、優勝は十三勝の**北勝海**になったが、貴花田は敢闘・技能二賞を受賞し、夏場所は前頭筆頭まで上がった。

カナダの授業は四月で終わり、私はキャンパス内の寮を夏休み中の寮へと移動した。四人が一つの建物に住む形式で、インド人やアメリカ先住民、中国人がいて、コモン・ルームにはテレビが置いてあった。相撲も放送していたから、夏場所初日の五月十二日、私はテレビで相撲を観ていたのである。千代の富士には貴花田、千代の富士が敗れた瞬間を観たのである。千代の富士は二日目、板井に勝ったが、三日目、貴闘力に敗れ、ついに引退した。「体力の限界ッ、気力もなくなりッ」と涙ながらの引退発表となった。

太寿山

はじめ陣幕を襲名したため、そのもととなったと思われた過去の力士・横綱陣幕久五郎(一八二九―一九〇三)が話題になったが、この陣幕は年寄・北陣のはじめであり、年寄陣幕のはじめは大阪相撲の陣幕で別人だなどということが話題になった。だがほどなく、北の富士の九重親方が、より優れた力士が指導するのが筋だと言って相撲協会を退職し、千代の富士が九重親方を継いだ。

もっとも私はその頃には千代の富士が割と嫌いになっており、まあ八百長もやって三十回も優勝したのだろうと思っていたし、世間が引退した横綱について喋々するのを苦々しく感じてもいた。

同じ場所中に元関脇・多賀竜が引退して勝ノ浦親方を襲名、二子山部屋の元関脇・太寿山も引退して花籠を襲名した。

夏場所の優勝は**旭富士**だったが、この時デビッド・ジョーンズ（一九一五―二〇〇五）も引退した。ジョーンズはパンアメリカン航空の極東担当支配人で、優勝力士へのパンナムからの授賞の役に当り、和服で土俵に上がって「ヒョー、ショー、ジョー」と読み上げるのが千秋楽の恒例行事になっていた。パンナムの経営が悪化したがジョーンズの人気もあって表彰は続けられたが、ジョーンズも高齢になり、この場所で引退した。

ジョーンズの「ヒョー、ショー、ジョー」は一九六一年、佐田の山の優勝から始まったが、六四年、川端康成が米国を訪問した際、ジョーンズの紹介状を貰い、一便遅れたが乗れたということもあった。

琴錦

かつて相撲の主役が大関貴ノ花から千代の富士にバトンタッチされ、いま千代の富士からその息子の貴花田に代わろうとしている。世間の人はこういう「血脈」の話が好きだが、血脈重視は門閥制度などを生むから警戒したほうがいい。この当時、貴花田に「光司さ〜ん」などと呼びかける女子がいたが、この名前が双羽黒と同じだから妙な感じだった。

名古屋場所は、初日から前頭十三枚目の**琴富士**が連勝を続けた。

場所	幕内最高優勝	三賞
1月場所	霧島一博（14勝1敗①）	(殊)曙、(敢)巴富士、(技)琴錦
3月場所	北勝海信芳（13勝2敗⑧）	(殊)曙、貴闘力、(敢)貴花田、(技)貴花田
5月場所	旭富士正也（14勝1敗④）	(殊)貴花田、(敢)貴闘力、安芸ノ島
7月場所	琴富士孝也（14勝1敗①）	(殊)貴花田、(敢)貴闘力、琴富士、(技)貴花田
9月場所	琴錦功宗（13勝2敗①）	(殊)若花田、(敢)栃乃和歌、琴錦、(技)若花田、舞の海
11月場所	小錦八十吉（13勝2敗②）	(殊)琴錦、(敢)武蔵丸、(技)舞の海
年間最多勝＝霧島一博（62勝28敗）		

1991年本場所

＊丸数字は優勝回数。(殊)＝殊勲賞、(敢)＝敢闘賞、(技)＝技能賞。

八日目に、四敗目を喫した大乃国は、二十八歳であっさり引退してしまうが、「悔しい」と涙をにじませたという。一年ほど準年寄・大乃国を名乗ったあと、芝田山親方となった。

琴富士は、佐渡ヶ嶽部屋の、関脇経験もある力士だ。審判部では十日目から上位力士に当てたが、霧島、旭富士、小錦とみな破ってしまい、十三日目に貴闘力に勝って平幕優勝を決める。十四日目に貴花田に敗れ、千秋楽に曙にも勝つ。佐渡ヶ嶽親方は、素質があるのに今まで何をしていたんだ、などと言った。しかし中には八百長もあったのではないか。この場所、前頭十四枚目にいた板井は、史上四人目という十五戦全敗をしている。

秋場所も、北勝海が初日から休場という波乱含みの幕開けで、旭富士も六日目から休場。関脇に上がった貴花田は七勝八敗と負け越し、前頭五枚目の**琴錦**が、十三勝二敗で優勝、大関・霧島が十二勝の準優勝だった。先場所優勝の琴富士は張出小結で四勝十一敗。この場所、元小結の板井と、元幕内の騏乃嵐《きのあらし》が廃業、元小結の陣岳が引退して春日山親方となったが、ほどなく退職した。

千代の富士、大乃国、板井と続けての引退・廃業は因縁を感じるが、私は日本にいなかったから雰囲気はよく分からない。

優勝した琴錦は、先代佐渡ヶ嶽のしこ名を貰うくらい期待され、大関候補と言われたのだが、この春場所前、婚約者がいるのに別の女性に走ろうとしているとマスコミにすっぱ抜かれ、バッシングを浴びている。結局は婚約者と結婚したという。しかし愛嬌があり明るくて、まあ人たらしっぽいところのある力士だった。

十月にはロンドン公演が行われたが、千代の富士は英国でも人気があって、蠟人形館に千代の富士の蠟人形が作られるほどだったから、引退して英国人ががっかりしたという。

このころ私の住んでいた寮に、交換プログラムで立命館大学の学生百人が入ってきて、私は彼らと遅れてきた青春みたいな生活を楽しみつつ、勉強していた。

ほとぼりも冷めたからというのか、海部を下ろすことになり、十一月五日に宮澤喜一が内閣総理大臣になった。

九州場所は、旭富士が全休、北勝海が途中休場と横綱不在の場所になり、**小錦**が十三勝で二回目の優勝を飾った。ハワイ勢の曙はすでに幕内上位にあり、この場所、武蔵丸や貴ノ浪が新入幕でいた。

十二月八日、ロシヤ、ウクライナ、ベラルーシの三国が、ソ連から離脱することを宣言して、ソ連は崩壊することになった。

第二章

貴乃花・曙時代、そして武蔵丸

† 一九九二年――小錦・疑惑の舌禍

一九九二年初場所は、北勝海が全休し、旭富士が初日から三連敗したあと三十一歳で引退した。これも一年ほど準年寄でいて、安治川《あじがわ》親方となった。優勝したのは前頭二枚目の**貴花田**で、十四勝一敗だった。小結の曙が十三勝で準優勝である。また元小結の玉竜が廃業した。二子山理事長はこの場所限りで理事長を佐田の山の出羽海に譲ることになっており、表彰式ではその最後の場所で甥に優勝杯を渡すことができた。

旭富士は本名を杉野森といい、弟子の安美錦《あみにしき》も同じ姓である。津軽出身だが血縁ではない。初代若乃花らは「花田」で、栃ノ海も花田、いずれも津軽出身だがこれも血縁はない。いまアマチュア相撲で横綱になり話題の花田秀虎も血縁ではない。旭富士は、地元ではちょっとしたワルだったようだが、不断の笑顔を見るとだらしないのに、土俵で相手を睨むとその目つきが物凄くてそれが好きだった。のち、親方になり審判委員として土俵下にいて、力士を睨むとその目つきだったから良かった。

佐田の山の出羽海は、かつての剛腕・武蔵川理事長の女婿であるため、春日野・二子山などは、出羽海が理事長になるまでのつなぎとさえ思われていた。

二月に、小錦は元ファッションモデルの塩田寿美歌《すみか》と結婚した。二年後に塩田八十吉《やそきち》の名で日本に帰化する。

旭天鵬《きょくてんほう》、旭鷲山《きょくしゅうざん》など、モンゴル力士のさきがけとなったモンゴル人青年たちが日本に来たのは、この二月のことである。ソ連崩壊でモンゴルも民主化が進んでいた。ほかに旭天山、旭鷹《あさひたか》、旭雪山《きょくせつざん》、旭獅子《あさひじし》の総計六人を、大島親方（旭國）が連れてきて入門させたのだ。大島がなぜモンゴルに目をつけたのかは分からないが、九一年に新弟子の公募をモンゴルで行って六人を選んだという。

春場所では、一人横綱となった北勝海が初日から二敗して休場、**小錦**が十三勝二敗で三度目の優勝を果たした。関脇の貴花田は負け越し。

しかし春場所三日目の三月十日に発売された『文藝春秋』四月号には、戦記もの作家で保守派の横綱審議委員・児島襄の「「外人横綱」は要らない――いま国技の「品格」を守るのか、棄てるのか？」という記事が載った。しかしこの題名は煽りで、児島は、横綱に

小錦

曙

巨砲

水戸泉

東			西		
大関	●曙	東関 23	大関	○小　錦	高砂 28
張出大関	○霧　島	井筒 33			
関脇	○安芸ノ島	藤島 25	関脇	●琴　錦	佐渡嶽 24
小結	○武蔵丸	武蔵川 21	小結	○三杉里	二子山 30
張出小結	○貴花田	藤島 19	張出小結	●巴富士	九重 21
前頭 1	●若花田	藤島 21	前頭 1	◎水戸泉	高砂 29
前頭 2	○旭道山	大島 27	前頭 2	●大翔鳳	立浪 25
前頭 3	●久島海	出羽海 26	前頭 3	●琴　椿	佐渡嶽 31
前頭 4	●鬼雷砲	高田川 26	前頭 4	○豊ノ海	藤島 26
前頭 5	●栃乃和歌	春日野 30	前頭 5	●隆三杉	二子山 31
前頭 6	○大翔山	立浪 26	前頭 6	●立　洸	立浪 22
前頭 7	○琴富士	佐渡嶽 27	前頭 7	●北勝関	伊勢海 26
前頭 8	○貴闘力	藤島 24	前頭 8	○小城ノ花	出羽海 24
前頭 9	●両　国	出羽海 30	前頭 9	●和歌乃山	武蔵川 20
前頭 10	○琴の若	佐渡嶽 24	前頭 10	○起利錦	鏡山 29
前頭 11	○舞の海	出羽海 24	前頭 11	○時津洋	時津風 22
前頭 12	●常の山	出羽海 29	前頭 12	○貴ノ浪	藤島 20
前頭 13	○寺　尾	井筒 29	前頭 13	●恵那櫻	押尾川 32
前頭 14	●大　善	二所関 27	前頭 14	●剣　晃	高田川 25
前頭 15	○琴ヶ梅	佐渡嶽 28	前頭 15	●大刀光	友綱 28
前頭 16	●花ノ国	放駒 32			

1992年7月場所番付（曙大関昇進時）
＊◎＝優勝、○＝勝ち越し、●＝負け越し、数字は年齢

は品格が必要で、国際親善のために外国人を無理やり横綱にすることはない、と言っているだけだ。だが場所後、小錦が「自分が横綱になれないのは外国人だから」と言ったという記事が「ニューヨーク・タイムズ」と「日本経済新聞」に出た。小錦自身は、そのようなことは言っていないと否定したが、世間から非難され、自殺まで考えたという。実際、旭富士が横綱になるために二場所連続優勝が必要だったのを見ていた小錦が、そんなことを言うはずはない。もっとも、小錦は八百長力士で、そのことを知る向きから、二場所連続優勝しても横綱にするべきでないと

いう声もあったという。

四月、式秀親方（元・大潮）は時津風部屋から独立して、茨城県竜ヶ崎市に式秀部屋を興した。

夏場所前の五月八日、北勝海は二十八歳で引退を表明し、一年ほど準年寄ののち八角親方となり、ついに横綱不在となる。夏場所は大関・霧島が初日から三連敗して休場、関脇の**曙**が十三勝で初優勝し、大関昇進を決めた。旧本名をチャド・ハヘオ・ローウェン、ハワイ出身で、高見山の東関部屋に入ってデビューしたのが八八年三月である。

この場所後、春日野部屋の元関脇・栃司が引退して入間川親方となり、大鵬部屋の元関脇・巨砲《おおづつ》が引退して大嶽《おおたけ》親方になった。

六月にはイスパニアのマドリッドと、ドイツのデュッセルドルフで公演が行われた。

名古屋場所は、曙、小錦、霧島の三大関だが、曙は全休し、前頭筆頭の**水戸泉**（高砂部屋）が十三勝で優勝した。場所後、元幕内の若瀬川が廃業した。

この場所後、大島部屋のモンゴル人力士たちのうち、旭天山以外の五人が、厳しい稽古と慣れない日本文化に耐えかねてモンゴル大使館へ逃げ込むという事件があったが、大島親方の説得で旭天鵬と旭鷲山は残り、ほかの三人はモンゴルへ帰ってしまった。

この夏、私は日本へ帰ってきたが、特にやることもなく、ただ本を読んだり勉強したり

舞の海

鷲羽山

していた。
秋場所は、三大関が精彩なく、小結の貴花田が十四勝で二度目の優勝をした。関脇の武蔵丸が十勝した。大関・霧島は七勝八敗で負け越し、角番になった。場所後、元関脇の逆鉾が引退して春日山を襲名（のち井筒）、同部屋の薩洲洋《さつしゅうなだ》も引退して錣山を襲名した。話題の中心が貴花田なのは当然として、この場所話題になったのは立浪部屋の成松《なりまつ》の幕下優勝である。成松は日大で相撲をとっていたが、角界には入らず高校の先生をしていた。だが後輩の舞の海の活躍に刺激されて、二十七歳という高齢で教師を辞めて角界入りしたのである。幕下優勝で翌場所の関取は決まり、騒がれていた。秋場所後、十一場所立行司を務めた二十六代式守伊之助が定年となり、同じ春日野部屋の木村庄太郎が二十八代式守伊之助を襲名した。
秋場所後、私は立命館の学生たちを訪ねて二週間京都に遊んだのだが、その時京都巡業があり、見に行った。成松は帰路、女性ファンからサインをねだられて、九州でちゃんと関取になってから、と言って断っていた。翌年一月から「智《とも》ノ花《はな》」というしこ名をつける。
現在NHKの相撲解説者になっている舞の海（一七一センチ）は、出羽海部屋の力士で、

場所	幕内最高優勝	三賞
1月場所	貴花田光司（14勝1敗①）	(殊)曙、貴花田、(敢)曙、貴花田、(技)若花田、貴花田
3月場所	小錦八十吉（13勝2敗③）	(殊)栃乃和歌、安芸ノ島、(敢)安芸ノ島、(技)栃乃和歌
5月場所	曙太郎（13勝2敗①）	(殊)曙、(敢)三杉里、(技)若花田
7月場所	水戸泉政人（13勝2敗①）	(殊)旭道山、(敢)水戸泉、(技)武蔵丸
9月場所	貴花田光司（14勝1敗②）	(殊)貴花田、(敢)旭道山、大翔鳳
11月場所	曙太郎（14勝1敗②）	(敢)琴別府、(技)琴錦
年間最多勝＝貴花田光司（60勝30敗）		

1992年本場所

＊丸数字は優勝回数。(殊)＝殊勲賞、(敢)＝敢闘賞、(技)＝技能賞。

小兵ながらすばしこい動きで活躍して人気があり、「牛若丸」「技のデパート」と呼ばれた。小兵力士が大型力士を倒すのが相撲の醍醐味だと言う人もいる。昔なら鷲羽山（一七五センチ）がそれだった。九重部屋の北瀬海も一七五センチの小兵で、一九七六年春場所では、鷲羽山、旭國（一七四センチ）、北瀬海の活躍が「ちびっこトリオ」などと言われた（一七四センチの若獅子を加えることもある）。しかし栃剣となると一七〇センチである。

小兵といっても、一七五センチなら私より一〇センチ以上大きいのだが、力士の中では小柄で、私は蔵前国技館で外を歩いている鷲羽山を見たことがあるが、確かに小さく見えた。

九月に、押尾川部屋つきだった元・益荒雄が阿武松《おうのまつ》の名跡を入手し、分離独立したいと師匠の押尾川に申し出たところ、無断で独立を計画していたというので破門され、大鵬部屋に移籍した。

十月に、二子山部屋つきの花籠（元太寿山）は、独立して山梨県の上野《うえの》原《はら》町（現・上野原市）に花籠部屋を再興した。先々代花籠（大ノ海）の未亡人は、八六年十月に輪島問題を苦にしてか自殺しており、その次男がこの再興には手を貸した。

その頃私は、明け方まで勉強や読書をして、朝刊が届くとそれを玄関先で開いて見て、それから寝るという生活をしていた。十月二十七日は火曜日で、いつものように玄関先で朝刊を開いて、貴花田が宮沢りえと婚約、というニュースが一面にあったので驚いた。実は前日の夜のニュースでは出ていたのだが、うちの両親はそのころ早く寝てしまい、弟は名古屋の大学へ行っていたから知らなかったのだ。

九州場所では、霧島・小錦が途中休場する中、曙が十四勝で優勝、関脇の貴花田は十勝をあげて、場所後大関に昇進した（三場所で三十四勝）。霧島は大関から陥落した。話題の智ノ花は十両で十勝と活躍したが、優勝は十一勝の駒不動だった。なお十両優勝力士は、元幕内や、のち幕内に上がるが、私が記録をつけ始めてから、十両優勝したが幕内に上がっていない力士もいて、八八年夏場所の秀ノ花（花籠、放駒）、九一年九州場所の大岳《だいがく》（時津風）が、ケガのためもあって幕内に入れず引退している。

この秋から半年間、内館牧子脚本のNHK朝の連続テレビ小説「ひらり」が放送されていた。私も主演の石田ひかりは大林宣彦の「ふたり」を観て以来好きだし、よく観ていた。両国の相撲部屋の近くに住んでいるひらりと、要領の悪い姉の、淡い恋物語風展開で、渡辺いっけいが相撲の嘱託医師役で出ていた。演出には、児童文学を読む会で二年先輩の笠浦友愛《ともちか》さんも加わっていた。この人も相撲が好きだった。

力士が体が大きいのは、普通の人の太っているのとは違って、筋肉だから、九〇キロあったら普通の人ならかなりのデブだが、力士ならむしろ痩せて見えるくらいである。若花田や貴花田は、父親の現役時代の、子供のころの写真があって、どっちも太っているが、そのまま力士になったわけではなく、脂肪を落として痩せてから、力士としての筋肉をつけたのである。

†一九九三年——貴花田・宮沢りえ婚約破棄

九三年初場所は一月十二日からだったが、一月七日、異変が起きた。貴花田と宮沢りえの婚約がダメになったというニュースが流れ始めたのだ。駅のキオスクにそんな見出しが躍っているのを見て、帰宅したお父さんが、「おいおい大変だ、貴花田と宮沢りえが」と言ったら、すでに皇太子妃が小和田雅子に決まったというニュースのほうが主になっていた、というのがあの日のことで、そういう一コマ漫画もあった。社会党の委員長もこの日、山花貞夫に決まったから、春風亭小朝はそれ込みでネタにしていた。

実際、将来は大関、横綱、そして親方になるということを考えたら、高田みづえよりずっと人気のある宮沢りえが、あっさり引退して相撲部屋のおかみさんができるか、という

東			西		
横綱	○曙	東関 23			
大関	○貴ノ花	二子山 20	大関	○小　錦	高砂 29
関脇	○武蔵丸	武蔵川 21	関脇	●安芸ノ島	二子山 26
			張出関脇	●霧　島	井筒 33
小結	◎若花田	二子山 22	小結	○若翔洋	二子山 27
張出小結	●琴　錦	佐渡嶽 24			
前頭 1	○貴ノ浪	二子山 21	前頭 1	●栃乃和歌	春日野 30
前頭 2	○旭道山	大島 28	前頭 2	●久島海	出羽海 27
前頭 3	●大翔山	立浪 26	前頭 3	○三杉里	二子山 30
前頭 4	●小城ノ花	出羽海 25	前頭 4	○巴富士	九重 22
前頭 5	●大翔鳳	立浪 25	前頭 5	●琴別府	佐渡嶽 27
前頭 6	○隆三杉	二子山 32	前頭 6	○豊ノ海	二子山 27
前頭 7	●浪ノ花	二子山 24	前頭 7	●水戸泉	高砂 30
前頭 8	●琴稲妻	佐渡嶽 30	前頭 8	○北勝関	伊勢海 27
前頭 9	●琴　椿	佐渡嶽 32	前頭 9	○寺　尾	井筒 30
前頭 10	○琴富士	佐渡嶽 28	前頭 10	●大　善	二所関 28
前頭 11	●鬼雷砲	高田川 27	前頭 11	●舞の海	出羽海 25
前頭 12	○貴闘力	二子山 25	前頭 12	○琴の若	佐渡嶽 24
前頭 13	●蒼樹山	時津風 23	前頭 13	○栃乃藤	春日野 23
前頭 14	●日立龍	押尾川 23	前頭 14	○剣　晃	高田川 25
前頭 15	○春日富士	安治川 27	前頭 15	●恵那櫻	押尾川 32
前頭 16	○肥後ノ海	三保関 23			

1993 年 3 月場所番付（曙横綱昇進・貴ノ花大関昇進時）
＊◎＝優勝、○＝勝ち越し、●＝負け越し、数字は年齢

ことが、よく考えられてはいなかったのだろう。ちなみに宮沢りえのヌード写真集『サンタフェ』が出たのは九一年で、ヌードになった人が相撲部屋のおかみさんになれるのか、という問題もあったのだろうか。そうしたケースはいまだ例がない。

　しかし初場所は、**曙**が十三勝で優勝、連続優勝で文句なく横綱に昇進した。貴花田は十一勝をあげて大関昇進し、しこ名を貴ノ花に改めた。二十歳の最年少大関である。この場所、元小結の両国が引退、中立《なかだち》親方になった。

　初の外国人横綱になった曙は、

同部屋の幕内力士はいないので、太刀持ちを高砂部屋の水戸泉、露払いを高田川部屋の鬼《き》雷砲《らいほう》が務めた。「あけたか時代」という人もいて、実際それに近いのだが、「曙貴」を「しょき」とか逆にして「きしょ」と読むのも変だし、あまり定着はしなかった。

定年を目前にした二子山親方は、実弟の藤島に部屋を譲ることにし、元・貴ノ花の藤島が二子山になり、二子山・藤島両部屋が合体して大きな部屋となった。若貴も二子山へ移る。

二月には香港場所が開かれ、七日間相撲を披露した。

春場所は、小結の**若花田**が十四勝で初優勝し、若貴フィーバーが盛り上がる。若花田も若ノ花と改名する。

また安治川《あじがわ》部屋を経営していた安治川親方（元・陸奥嵐《むつあらし》）は、病気のため廃業することにし、部屋を元・旭富士に託し、旭富士は安治川親方として部屋を経営することになった。

この四月から一年間、私は週二回、八王子の帝京女子短大へ英語・英文学を教える非常勤講師で通うことになった。一日三コマで、留学前に著書を出したのに原稿依頼などはほとんどなく、焦りを感じながらの日々だった。

夏場所は、大関・**貴ノ花**が十四勝で三度目の優勝。翌場所は「綱とり」だと盛り上がった。だが名古屋場所は、曙、貴ノ花、若ノ花の三人が十三勝となり、優勝決定巴戦となる。

同部屋・実の兄弟の若ノ花と貴ノ花の初の本場所での対戦となりうる。はじめ**曙**が若ノ花を破り、続けて貴ノ花も破って、横綱での初優勝を飾った。そのため、ファンが期待した「若貴」の対戦はなかった。

以前ならこれで貴ノ花の横綱昇進が決まったはずだが、また「旭富士現象」が起きて、これから貴ノ花が横綱になるまでが長かった。しかし若ノ花は、これで大関に昇進した（三場所で三十七勝）。二十七代式守伊之助は五場所務めて定年になったが、次の伊之助は空席になった。

曙という力士は、高見山や小錦のような愛嬌がなかった。かといって、朝青龍や白鵬のような「悪役」でもなく、何を考えているか分からないところがあった。大きくて強いが、相撲ファンからすると、物語を形成してくれない。貴ノ花に対する悪役もやってくれない、ある意味で困った存在だった。かといって、相撲取りは相撲をとるのが仕事であって、曙に非はないのだから困る。

しかし六月にはハワイのホノルルと米本国のサンノゼに巡業があり、曙は歓声を浴びるなど、米国巡業では曙に存在意義が生まれたりする。

総選挙で細川護熙の日本新党が躍進し、八月に連立内閣を構成して細川が内閣総理大臣になった。

場所	幕内最高優勝	三賞
1月場所	曙太郎（13勝2敗③）	㊚若翔洋、大翔山、㊝若花田
3月場所	若花田勝（14勝1敗①）	㊒若花田、旭道山、㊚若翔洋、㊝若花田
5月場所	貴ノ花光司（14勝1敗③）	㊒若ノ花、㊚貴ノ浪、㊝貴闘力
7月場所	曙太郎（13勝2敗④）	㊒安芸ノ島、㊚琴錦、㊝若ノ花
9月場所	曙太郎（14勝1敗⑤）	㊚久島海、㊝智ノ花、舞の海
11月場所	曙太郎（13勝2敗⑥）	㊒武蔵丸、㊚小城錦、㊝智ノ花
年間最多勝＝曙太郎（76勝14敗）		

1993年本場所

＊丸数字は優勝回数。㊒＝殊勲賞、㊚＝敢闘賞、㊝＝技能賞。

東			西		
横綱	◎曙	東関 24			
大関	○貴ノ花	二子山 21	大関	○若ノ花	二子山 22
張出大関	●小　錦	高砂 29			
関脇	○武蔵丸	武蔵川 22	関脇	○貴ノ浪	二子山 21
			張出関脇	○琴　錦	佐渡嶽 25
小結	●貴闘力	二子山 26	小結	○琴の若	佐渡嶽 25
前頭1	●若翔洋	二子山 27	前頭1	●水戸泉	高砂 31
前頭2	●琴富士	佐渡嶽 28	前頭2	○安芸ノ島	二子山 26
前頭3	●栃乃和歌	春日野 31	前頭3	●琴別府	佐渡嶽 27
前頭4	●剣　晃	高田川 26	前頭4	●寺　尾	井筒 30
前頭5	●肥後ノ海	三保関 24	前頭5	●大　善	二所関 28
前頭6	○三杉里	二子山 31	前頭6	●春日富士	安治川 27
前頭7	●鬼雷砲	高田川 27	前頭7	●時津洋	時津風 24
前頭8	●湊富士	湊 25	前頭8	○隆三杉	二子山 32
前頭9	●北勝関	伊勢海 27	前頭9	●小城ノ花	出羽海 25
前頭10	○智ノ花	立浪 29	前頭10	○大翔鳳	立浪 26
前頭11	○旭道山	大島 28	前頭11	●豊ノ海	二子山 28
前頭12	○霧　島	井筒 34	前頭12	○大翔山	立浪 27
前頭13	○久島海	出羽海 28	前頭13	●巴富士	九重 22
前頭14	○舞の海	出羽海 25	前頭14	○琴稲妻	佐渡嶽 31
前頭15	●立　洸	立浪 23	前頭15	○武双山	武蔵川 21
前頭16	○玉海力	片男波 27			

1993年9月場所番付（若ノ花大関昇進時）

＊◎＝優勝、○＝勝ち越し、●＝負け越し、数字は年齢

秋場所は、**曙**が十四勝で優勝、小錦は初日に安芸ノ島に敗れて休場した。関脇には武蔵丸と貴ノ浪が並んでいた。

場所後、春日野部屋つきだった入間川親方（元・栃司）が独立して、埼玉県与野市に入間川部屋を開いた。

尾車親方（元・琴風）は、弟子に「琴」の字をつけられないので「風」をつけ、入間川は「栃」の字をつけられないので「司」をつけた。玉ノ井部屋では、息子の栃東は例外で、ほかの弟子は「栃」をつけられないので「東」をつけた。

朝潮は弟子に朝青龍など「朝」の字をつけ、旭富士は安治川部屋時代には「安美錦」など「安」をつけ、伊勢ヶ濱部屋になると「富士」をつけた。隆の里は「隆」や「里」をつけ、貴ノ花や貴乃花は「貴」をつけたりした。

九州場所も曙の優勝で、小錦は負け越して大関陥落、貴ノ花も千秋楽に曙に敗れ、七勝八敗と負け越してしまった。前頭二枚目に上がった智ノ花は、貴ノ花を破って技能賞を受賞した。場所後、二十八代木村庄之助が定年となったが、三役格行司が年数が浅いため、あと二場所は立行司不在となった。

†一九九四年――貴ノ花横綱昇進

東			西		
横綱	◎曙	東関 24			
大関	○貴ノ花	二子山 21	大関	●若ノ花	二子山 23
張出大関	○貴ノ浪	二子山 22	張出大関	○武蔵丸	武蔵川 22
関脇	○琴　錦	佐渡嶽 25	関脇	○武双山	武蔵川 22
小結	●栃乃和歌	春日野 31	小結	●大　善	二所関 29
前頭 1	●三杉里	二子山 31	前頭 1	○魁　皇	友綱 21
前頭 2	●若翔洋	二子山 28	前頭 2	○寺　尾	井筒 31
前頭 3	●琴の若	佐渡嶽 25	前頭 3	●北勝関	伊勢海 28
前頭 4	●旭道山	大島 29	前頭 4	●隆三杉	二子山 33
前頭 5	●智ノ花	立浪 29	前頭 5	●大翔鳳	立浪 26
前頭 6	○小城錦	出羽海 22	前頭 6	●水戸泉	高砂 31
前頭 7	●春日富士	安治川 28	前頭 7	●舞の海	出羽海 26
前頭 8	●琴稲妻	佐渡嶽 31	前頭 8	○肥後ノ海	三保関 24
前頭 9	○小　錦	高砂 30	前頭 9	○剣　晃	高田川 26
前頭 10	○安芸ノ島	二子山 27	前頭 10	●大翔山	立浪 27
前頭 11	○時津洋	時津風 24	前頭 11	○濱ノ嶋	三保関 24
前頭 12	○貴闘力	二子山 26	前頭 12	○琴別府	佐渡嶽 28
前頭 13	○霧　島	井筒 34	前頭 13	○鬼雷砲	高田川 28
前頭 14	○琴富士	佐渡嶽 29	前頭 14	●豊ノ海	二子山 28
前頭 15	○朝乃若	若松 24	前頭 15	○琴ヶ梅	佐渡嶽 30
前頭 16	●蒼樹山	時津風 24			

1994 年 3 月場所番付（武蔵丸大関昇進・貴ノ浪大関昇進時）
＊◎＝優勝、○＝勝ち越し、●＝負け越し、数字は年齢

一九九四年初場所は、**貴ノ花**が十四勝で優勝、復活する。関脇の武蔵丸と貴ノ浪は、十二勝、十三勝をあげて、場所後、大関に昇進する（武蔵丸は三場所で三十三勝、貴ノ浪は三十五勝）。これで大関は四人だが、うち三人が二子山部屋なので、本割では当たらないことになる。この時期の二子山部屋の力士はそれで得をしたので、不満の声もあった。

春場所は**曙**、貴ノ浪、貴闘力が十二勝で並び、巴戦での優勝決定戦となり、貴ノ浪がまず貴闘力を破ったが、曙が貴ノ浪、貴闘力を連破して優勝を決めた。この時関脇は琴錦と武双山で、前頭上位に友綱部屋の魁

皇が上がってきていた。

四月から私は大阪大学で英語を教えることになり、豊中の大学のそばの狭苦しいマンションで一人暮らしを始めた。細川内閣が総辞職するが、後継となった羽田孜《はたつとむ》は、社会党が連立から抜けたため少数連立となって苦慮した。

貴ノ浪

四月二十六日に井筒親方が定年退職し、次男の元・逆鉾が部屋を継いだ。
夏場所は**貴ノ花**が十四勝で優勝した。これを二場所続ければ横綱になれるのだが、この時期の貴ノ花は、東京場所で優勝し、地方場所ではできないという状態で、やはり東京育ちだからか、などとも言われていた。二所ノ関部屋の三役格行司・式守錦太夫が、この場所から立行司・二十八代式守伊之助となった。
六月、羽田内閣は倒壊し、自民党と社会党の連立という驚きの体制で村山富市が内閣総理大臣になる。この月、若ノ花が元モデルの栗尾美恵子と結婚した。また二十山親方（元・北天佑）が三保ヶ関部屋から独立して二十山部屋を興した。だが、二十山が若くして死ぬまで、育てた力士が関取になったのは、ロシヤから来た白露山だけだった。部屋を興してもいい力士が育たない苦悩の中で、親方は外国人力士に頼らざるをえない事情があった。

名古屋場所では、曙が全休する中、**武蔵丸**が十五戦全勝の初優勝をとげる。若ノ花が十四勝、貴ノ浪が十二勝、貴ノ花は十一勝である。場所後、元幕内の恵那櫻《えなざくら》が引退し、錣山親方となるが、のち廃業した。

秋場所も曙が全休する中、**貴ノ花**は十五戦全勝で優勝。関脇・武双山が十三勝、若ノ花と貴ノ浪が十二勝、武蔵丸が十一勝と全体に上位陣のレベルが高い。武蔵丸と武双山は、三重ノ海の武蔵川部屋で、武蔵丸はハワイ出身で旧本名はフィアマル・ペニタニ。武双山は専修大学出身で、本名は尾曾《おそ》。伊勢ノ海部屋・土佐ノ海（同志社大学出身、本名・山本）が学生時代のライバルで、「東の尾曾、西の山本」と並称されていた。兄弟そろって、若乃花、貴乃花と字を改めると発表されたのは十月九日の報道である。

この時、相撲協会は横綱審議委員会に貴ノ花の横綱昇進を諮問している。だが、委員会は二時間に及ぶ激論の末、投票になり、賛成五、反対六で昇進は見送られてしまった。二場所連続優勝の内規を満たしていないからということだった。しかし、旭富士の場合には二連覇まで協会からの諮問もなかったので、協会は姿勢を緩めたことになる。反対したのは、朝日新聞社主・渡辺誠毅《せいき》（委員長）、日銀総裁・三重野康、児島襄、河北新報社主・一《いち》力《りき》一夫らだったようだ。外国人横綱をよく思わない児島が反対する

武双山

場所	幕内最高優勝	三賞
1月場所	貴ノ花光司（14勝1敗④）	(殊)武双山、(敢)貴ノ浪、(技)武蔵丸
3月場所	曙太郎（12勝3敗⑦）	(殊)魁皇、(敢)寺尾、貴闘力、(技)琴錦、小城錦
5月場所	貴ノ花光司（14勝1敗⑤）	(殊)寺尾、(敢)貴闘力、(技)舞の海
7月場所	武蔵丸光洋（15戦全勝①）	(殊)濱ノ嶋、(敢)貴闘力、(技)舞の海
9月場所	貴ノ花光司（15戦全勝⑥）	(殊)武双山、琴稲妻、(敢)武双山
11月場所	貴乃花光司（15戦全勝⑦）	(敢)浪乃花
年間最多勝＝貴乃花光司（80勝10敗）		

1994年本場所
＊丸数字は優勝回数。(殊)＝殊勲賞、(敢)＝敢闘賞、(技)＝技能賞。

のは妙な気もするが……。

十月、八角親方（元・北勝海）が九重部屋から分家して八角部屋を興し、北勝力、海鵬《かいほう》、北勝富士、隠岐の海らを育てることになる。なお陣幕（元・北の富士）をはじめとする九重部屋つきの親方も八角部屋に移籍したのは、むしろ千代の富士の九重のほうが独立したような形だった。また以前に独立を計画した阿武松親方も、大鵬部屋から独立して部屋を持った。

さて九州場所で、曙は帰ってきたが、**貴乃花**は地方場所ながら十五戦全勝で二連覇、文句なしの横綱昇進を摑んだ。遅れたといってもまだ二十二歳である。使者を迎えた貴乃花は「不惜身命《ふしゃくしんみょう》」「不撓不屈《ふとうふくつ》」と二つの四字熟語を使って受諾したのが話題になった。

ところで、実際に相撲場へ行って相撲を観るにはどうしたらいいのか。まず一番簡単なのがいす席で、私は蔵前時代にふいと行っていす席から眺めたことがあるが、土俵はかなり遠くて、これならテレビ観戦のほうがいいと思った。

そこで一般的には枡席ということになる。これは四人一枡とか六人一枡があり、一人あたり一万円前後である。これがどの程度入手しやすいのか、私は知らない。大阪で一度ダフ屋から買ったことがある。

さらに土俵に近い、目の前で力士を見られるのが「砂かぶり」とも言われる溜席《たまりせき》で、これは後援会に入っているとか、何らかのコネのある人でないと座れない。力士や行司が降ってくることもあるので危険な場所だとも言える。

今では相撲案内所という名になっているが、「相撲茶屋」というのがあり、以前は枡席などは相撲茶屋を通して申し込み、席まで案内してくれたり、飲食物を世話してくれるところだった。どこかの企業の接待で行く時などは、金はそちらから出ており、帰りには土産ものなどを貰って帰途につく。一般の人にはあまり縁はない。

近世以降の日本の娯楽の世界には「茶屋制度」というのがつきものであった。もちろんお茶を売るのではなく、お茶を売るのは「葉茶屋」という。

遊廓でも高級なところは、茶屋へ行って話を通してもらう。置屋《おきや》に娼婦がいて、揚屋《あげや》へ通ってくるという寸法だ。歌舞伎でも以前は芝居茶屋を通して大勢で弁当を持って観に行ったものである。芝居茶屋から出て客を案内する人を出方《でかた》といい、明治末年に開幕した帝国劇場は、出方を廃止して切符制を導入し、近代化を図った。

まあテレビというものが出来て、高いカネを出したりしなくても一般庶民が相撲を間近に見られるようになったのはいいことである。

現在はテレビでの相撲中継はNHKだけで、ほかにインターネットでアベマTVがやっているが、かつて民放各局も中継していたことがあった。NHKの本放送は一九五三（昭和二十八）年からだが、同年に日本テレビが後を追い、五五年にはTBS、五九年にはフジテレビとNET（現テレビ朝日）も加わり、一時は全局で放送に近かったが、これは二場所だけで、NETは撤退した。一九六〇年にはフジテレビがやめる。NHK、日本テレビ、TBSだけになるが、六五年にTBSがやめ、六六年には日本テレビもやめて、NHKだけになったのである。

†一九九五年――貴乃花と若乃花の優勝決定戦

前年の秋あたりから私は神経を病んで、新幹線に乗ると長時間止まらないので恐怖を感じるようになり、不安神経症になってしまった。就職したストレスか、マンションの狭い部屋などが原因か、夏の終わりころ、病院へ行って精神安定剤を貰った。

九五年初場所は、十日目の一月十七日に阪神の大地震が起きた。なお世間では「関東大震災」などと「大震災」をつけるのが一般的だが、「震災」は地震の被害のことで、地震

東			西		
横綱	◎貴乃花	二子山 22	横綱	○曙	東関 25
大関	○貴ノ浪	二子山 23	大関	○武蔵丸	武蔵川 23
大関	○若乃花	二子山 24			
関脇	○魁　皇	友綱 22	関脇	●琴　錦	佐渡嶽 26
小結	○安芸乃島	二子山 27	小結	●武双山	武蔵川 22
前頭 1	●琴の若	佐渡嶽 26	前頭 1	●貴闘力	二子山 27
前頭 2	●栃乃和歌	春日野 32	前頭 2	●寺　尾	井筒 31
前頭 3	●濱ノ嶋	三保関 24	前頭 3	●舞の海	出羽海 26
前頭 4	●剣　晃	高田川 27	前頭 4	●久島海	出羽海 29
前頭 5	●琴稲妻	佐渡嶽 32	前頭 5	●智ノ花	立浪 30
前頭 6	●大　善	二所関 30	前頭 6	●霧　島	井筒 35
前頭 7	○浪乃花	二子山 25	前頭 7	●北勝関	伊勢海 29
前頭 8	○三杉里	二子山 32	前頭 8	○小　錦	高砂 31
前頭 9	●春日富士	安治川 28	前頭 9	○琴別府	佐渡嶽 29
前頭 10	○大　至	押尾川 26	前頭 10	○朝乃若	若松 25
前頭 11	●鬼雷砲	高田川 29	前頭 11	○大翔鳳	立浪 27
前頭 12	○旭道山	大島 30	前頭 12	○小城錦	出羽海 23
前頭 13	●水戸泉	高砂 32	前頭 13	○肥後ノ海	三保関 25
前頭 14	○湊富士	湊 26	前頭 14	●時津洋	時津風 25
前頭 15	○若翔洋	二子山 28	前頭 15	○隆三杉	二子山 33
前頭 16	●琴ヶ梅	佐渡嶽 31			

1995年1月場所番付（貴乃花横綱昇進時）
＊◎＝優勝、○＝勝ち越し、●＝負け越し、数字は年齢

そのものではない。私は大阪にいて、かなり揺れたし、マンションの廊下の壁にひびが入り、すでに不安神経症でもあったから恐怖のため京都まで逃げて二泊するなどしていたから、落ち着いて相撲は見ていられなかったはずだ。この時は貴乃花と武蔵丸が十三勝で並び、優勝決定戦で**貴乃花**が優勝を決めた。

それまで、千秋楽の優勝力士へのインタビューは、インタビュールームでNHKのアナウンサーが務めていたが、この場所から、表彰式の際に、優勝旗などをもらったあと、土俵下でインタビューを行うようになった。この場所で式守伊之助が二十

貴乃花

九代木村庄之助を襲名した。春日野部屋の木村善之輔が、後輩に抜かれる形で二十九代式守伊之助となったが、五十九歳になっていた。一月、桐山親方（元・黒瀬川）が伊勢ヶ濱部屋から分離独立して部屋を興した。

　春場所は三月十二日が初日だから、九日目の二十日に地下鉄サリン事件が起きたことになる。私は埼玉県の実家へ帰っていたが、それから夏ごろまで、世間は騒然としていた。相撲は**曙**が十四勝で久しぶりの優勝である。場所後、琴椿が引退し、白玉親方になる。

　父の元大関・貴ノ花と横綱・貴乃花は、いずれも美男の人気力士だが、タイプは違う。父は徳川時代風のやさ男だが、息子はベビーフェイスとも言われ、童顔である。ベビーフェイスというのはプロレスで善玉をさすこともある。二回優勝しただけの大関を超えたのはもちろん、体つきも父よりがっしりしている。

　もっともこの当時、私は、弟に越えられた兄・若乃花をかばおうとして褒める評論家の言うことに苛立ちを覚えていた。井筒兄弟でも分かるように土俵は非情で、兄が弟に越えられることもあるのに、「お兄ちゃん」などと呼ばれて妙に若乃花が大切にされているように感じたのである。

場所	幕内最高優勝	三賞
1月場所	貴乃花光司（13勝2敗⑧）	(殊)魁皇、(敢)安芸乃島、大翔鳳
3月場所	曙太郎（14勝1敗⑧）	(殊)寺尾、(敢)安芸乃島
5月場所	貴乃花光司（14勝1敗⑨）	(殊)武双山、(敢)武双山
7月場所	貴乃花光司（13勝2敗⑩）	(殊)琴錦、剣晃、(敢)琴の若、(技)武双山
9月場所	貴乃花光司（15戦全勝⑪）	(殊)魁皇、(敢)琴稲妻、土佐ノ海、(技)琴錦
11月場所	若乃花勝（12勝3敗②）	(殊)土佐ノ海、(敢)魁皇、湊富士、(技)土佐ノ海
年間最多勝＝貴乃花光司（80勝10敗）		

1995年本場所

＊丸数字は優勝回数。(殊)＝殊勲賞、(敢)＝敢闘賞、(技)＝技能賞。

夏場所は十四勝で**貴乃花**が優勝、十両では筆頭で土佐ノ海が優勝した。場所後の五月二十五日、貴乃花は元フジテレビアナウンサーの河野景子との結婚式を、出羽海理事長を媒酌人として明治神宮で盛大に執り行った。

名古屋場所も**貴乃花**が十三勝で優勝、関脇には魁皇と武双山が並んで大関レースを演じた。

秋場所は**貴乃花**の全勝優勝である。場所中、琴富士が引退し、粂川《くめがわ》親方となるが、のち退職した。焼肉店などをやっていたが、ギャンブルにのめりこんで借金を作り、二〇一四年、五十歳の時、韓国籍の女性に在留資格を与えるための偽装結婚をして逮捕、起訴され、懲役に執行猶予三年の刑を受けた。

十月にはウィーン場所、パリ場所が開かれた。

九州場所で、ついに宿命の日が来る。貴乃花と若乃花が十二勝の優勝同点で決定戦になったのである。史上初の兄弟による幕内優勝決定戦で、決定戦は**若乃花**が勝って優勝を決めたが、これは今見ても、貴乃花は力を出し切っていない。自分と比べたら不遇

隆三杉

な兄に遠慮したとしか思えないのだが、このあたりが貴乃花の運命の狂い始めだったかもしれない。師匠の二子山が前の晩、貴乃花に「光司、明日は分かっているだろうな」と八百長を示唆した、という話もある。

のち貴乃花の弟子たちを引き受けることになる元小結の隆三杉はこの場所で引退し、藤島親方になる。鏡山部屋の起利錦《きりにしき》も引退し立川親方に、立浪部屋の大翔山《だいしょうやま》は中川親方になり、のち追手風部屋を興す。

この時期の相撲協会幹部は、

理事長・出羽海、理事・春日野（栃ノ海）、大鵬、佐渡ヶ嶽、伊勢ヶ濱（清国）、立浪、時津風、高砂（富士錦）、監事・二子山、玉垣（若浪）、北の湖

という陣容である。

†一九九六年――『週刊ポスト』の八百長告発

九六年一月十一日、自社連立政権は、橋本龍太郎を内閣総理大臣とし、社会党はゆっく

りと崩壊に向かうことになる。

九六年初場所は、初日から曙が二敗して休場、綱とりと言われた若乃花も三連敗して休場する中、貴乃花と貴ノ浪が十四勝一敗で並び、二場所連続同部屋での優勝決定戦となった。貴乃花が右下手を差す四つ相撲で、貴乃花有利かと思ったとたん、貴ノ浪が足をかけたのが決まり、河津《かわづ》掛けという決まり手で**貴ノ浪**が優勝を決めた。

場所後、出羽海理事長は、部屋の境川親方、元・鷲羽山と親方名跡を交換し、部屋は出羽海となった鷲羽山に任せ、境川尚《しょう》として理事長職に専念することになった。

春場所は、曙が全休する中、**貴乃花**が十四勝で優勝。前頭十四枚目、幕尻まで落ちて負け越した霧島は、引退して錣山《しころやま》親方になった。

板井や維新力《いしんりき》を育てた元・高鐵山の大鳴戸親方は、前年、親方株を譲って廃業していたが、この二月から、『週刊ポスト』で、元九重部屋後援会副会長だった橋本成一郎とともに、かつて徒党を組んで北の富士を横綱に仕立てた舞台裏を暴露していたが、四月、「元大鳴戸親方」の名で、その内容をまとめた『八百長――相撲協会一刀両断』を鹿砦社《ろくさいしゃ》から刊行し、北の富士の横綱昇進は八百長だったと暴露した。だが刊行後ほどない四月十四日、菅孝之進《すがこうのしん》こと大鳴戸親方は五十三歳で病死した。同じ日に、愛知県の同じ病院で橋本成一郎も死去したので、殺されたのではないかとも言われた。

相撲協会では、二人の死後、『週刊ポスト』の記事を名誉毀損で刑事告訴した。さらに『週刊ポスト』には、九六年夏場所での曙の復活相撲も注射が入っていたという、付け人・高見旺《たかみおう》の手記が載った。

八百長というのは、星の売り買い、貸し借りだが、実際に千代の富士は強かったらしく、強いからこそほかの力士が星を「買い」に来る。相場は百万円台である。板井などもガチンコでやるとかなり強かったといい、それでも八百長をやって金を貯めるのは、親方株が高値で取引されているからでもある。二億、三億円という値段がついて取引されていたが、それが裏金でやられているため脱税にもなっていて、『週刊ポスト』の記事のあとで国税庁の手が入ったりもした。

『週刊ポスト』は小学館の雑誌だが、その小学館から出ている漫画雑誌『ビッグコミック』には、架空の力士を主人公にしたちばてつやの『のたり松太郎』が一九七三年から連載されており、私は全巻愛読した。実在の力士も、大乃国が大ノ海などになって登場するのだが、曙が「暁《あかつき》」となっていたのには日本語の生命力を感じたものだ。

柏戸、大鵬から、北の湖も注射はやっていて、麒麟児、板井のあとは逆鉾が中盆になり、寺尾、琴錦、琴の若、湊富士らも八百長に手を染めていて、ガチンコなのは魁傑、鷲羽山、義ノ花《よしのはな》、清国、大潮、大乃国、花乃湖、貴乃花、貴ノ浪、貴闘力、安芸乃島など旧藤島部屋勢に、武双山、魁皇、土佐ノ海、小城《おぎ》の花、久島海、両国、栃司、豊ノ島といった顔ぶれだったという。

夏場所も**貴乃花**が十四勝で優勝する。大関の貴ノ浪と若乃花がともに十二勝と高いレベルの土俵である。場所後の五月二十四日、曙がタレントの相原勇《あいはらゆう》と交際しているとスクープされ、秋にも結婚かと言われたが、その後破局に至った。

名古屋場所も、**貴乃花**が十三勝で優勝、曙と貴ノ浪が十二勝である。場所後、鬼雷砲が引退して佐ノ山親方になるが、のち退職する。

秋場所は**貴乃花**が十五戦全勝で優勝し、十五回目の優勝となった。場所中、春日山部屋出身で、当時は安治川部屋所属の元幕内・春日富士が引退し、春日山親方となって春日山部屋を再興した。元の師匠の春日山が定年になり、後継者がないため安治川部屋に吸収されていたのだ。この場所、モンゴルから来た旭鷲山が新入幕となり、舞の海の「技のデパート」をもじって「技のデパート・モンゴル支店」と異名をとることになる。

十月に、幕内の旭道山《きょくどうざん》が、新進党から立候補するために突如廃業届を出した。比例代表名簿に登載されて当選したが、一期だけで政治家は辞めている。なおこの時、「廃業」という語の語感が悪かったというので、この年十一月から、親方で協会に残らない場合も「引退」というようになった。

場所	幕内最高優勝	三賞
1月場所	貴ノ浪貞博（14勝1敗①）	㊡魁皇、㊞貴闘力、剣晃、玉春日
3月場所	貴乃花光司（14勝1敗⑫）	㊡旭豊、㊞琴の若、㊎武双山
5月場所	貴乃花光司（14勝1敗⑬）	㊡魁皇、㊎玉春日
7月場所	貴乃花光司（13勝2敗⑭）	㊡魁皇、琴の若、㊞貴闘力
9月場所	貴乃花光司（15戦全勝⑮）	㊞貴闘力、旭豊、㊎琴錦
11月場所	武蔵丸光洋（11勝4敗②）	㊡土佐ノ海、㊞魁皇、栃東
年間最多勝＝貴乃花光司（70勝5敗15休）		

1996年本場所
＊丸数字は優勝回数。㊡＝殊勲賞、㊞＝敢闘賞、㊎＝技能賞。

その頃、西尾幹二らが「新しい歴史教科書をつくる会」を設立し、左翼的に偏向している歴史教科書に対抗し、運動への賛同者を募った。「朝まで生テレビ」に西尾らが出演した際、西尾が開口一番、各界著名人の名前を集めた賛同者名簿を興奮ぎみに読み上げた中に「境川尚」という理事長名があるのを、私は何だか嫌な気分で聞いた。もっともその名簿には、東大比較文学の教授だった私の師匠らの名もあったが、相撲界や落語界、歌舞伎界などは、基本的に政治的保守である。境川は実際、外国人力士を嫌っていたとも言われる。工藤美代子は、鶴田先生とは離婚していたが、のちこの会の副会長も務め、その後さらに極右になっていく。

九州場所は貴乃花が急性細菌性腸炎のため休場し、十一日目までは曙と武蔵丸が一敗で競っていたのが、曙が貴ノ浪、貴闘力、武蔵丸に三連敗し、武蔵丸と若乃花が三敗でトップに立つが、千秋楽で武蔵丸は貴ノ浪に、若乃花は曙に敗れて、関脇の魁皇を含めて五人が十一勝四敗で優勝決定戦という前代未聞の事態になった。

巴戦にするため、まず三人に絞る予備選を行う。抽選で、武蔵丸が若乃花を破り、貴ノ浪が魁皇を破って、武蔵丸、貴ノ浪、曙の巴戦である。まず武蔵丸が曙を破り、ついで貴ノ浪も破って、**武蔵丸**の二回目の優勝が決まった。

しかしこの結果は、貴乃花がいないとこうなる、という意味で貴乃花の存在感を見せつける結果にもなっていた。

十二月八日、元横綱・柏戸が五十八歳で死去し、鏡山部屋は多賀竜が継いだ。山梨県に部屋を構えた花籠部屋は、両国まで通うのが大変だというので、この十二月、墨田区に移転した。すると、先々代（大ノ海）の次男がこれに不服で、親方株の返還を求めて東京地裁に提訴した。しかし九八年九月、年寄株は無償で太寿山に与えられたものという判決が出て太寿山側が勝った。

†一九九七年——小錦の引退

初場所、貴乃花は帰ってきたが、優勝は**若乃花**の十四勝だった。貴乃花は十三勝、曙は十二勝だった。

春場所はまたしても波乱。終盤戦まで武蔵丸が一敗、貴乃花と曙が二敗で来たが、十三日目に武蔵丸が曙に敗れ、十四日目は貴乃花が武蔵丸に敗れ、千秋楽は武蔵丸が貴ノ浪に、

場所	幕内最高優勝	三賞
1月場所	若乃花勝（14勝1敗③）	㊮土佐ノ海、㊫琴龍、㊜旭鷲山
3月場所	貴乃花光司（12勝3敗⑯）	㊮魁皇、㊫玉春日、出島、㊜出島
5月場所	曙太郎（13勝2敗⑨）	㊮玉春日、㊫土佐ノ海、栃東、㊜小城錦
7月場所	貴乃花光司（13勝2敗⑰）	㊮貴闘力、㊫栃乃洋、㊜栃東
9月場所	貴乃花光司（13勝2敗⑱）	㊮出島、㊫栃乃洋、㊜栃東、出島
11月場所	貴ノ浪貞博（14勝1敗②）	㊫武双山
年間最多勝＝貴乃花光司（78勝12敗）		

1997年本場所

＊丸数字は優勝回数。㊮＝殊勲賞、㊫＝敢闘賞、㊜＝技能賞。

曙が貴乃花に敗れて、前頭筆頭で十二勝三敗の魁皇と四人による優勝決定戦となった。これはトーナメント方式で、貴乃花は魁皇を破り、曙は武蔵丸を破って、**貴乃花**が曙に勝って優勝を決めた。

夏場所は、貴乃花が一敗、曙が二敗で千秋楽を迎えたが、本割で貴乃花が曙に敗れて二敗で並び、優勝決定戦でも**曙**が勝って逆転優勝した。

六月はオーストラリアのメルボルンとシドニーで公演が開かれた。

名古屋場所は、貴乃花と曙が二敗で千秋楽を迎え、**貴乃花**が曙を破って優勝し、先場所の雪辱を果たした。

八月十八日、元関脇の栃赤城が、四十二歳で死去した。

秋場所は、貴乃花と武蔵丸が一敗で並んでいたが、十四日目に貴乃花が武蔵丸に敗れるも、千秋楽に貴ノ浪が援護射撃で武蔵丸を倒し、優勝決定戦で**貴乃花**が武蔵丸に勝って優勝した。

九州場所は曙が休場する中、貴乃花、武蔵丸、貴ノ浪が一敗で並んで十四日目を迎えたが、武蔵丸が貴ノ浪、貴乃花に相次いで敗れ、貴乃花と貴ノ浪が十四勝一敗で同部屋の、この組み合わせで二度目の優勝決定戦となった。がっぷり四つに組んで、貴乃花の腰が妙に高いところへ、貴ノ浪の右上手投げがあっさり決まって**貴ノ浪**が二度目の優勝をした。しかし、この取り組みには、貴乃花の戦意が見えない。ほかの力士なら八百長だと思うところだが、貴乃花はのち早逝した貴ノ浪を信頼していたというから、何かあったのか。

またこの場所、元大関の小錦が前頭十四枚目で、負けが込んだが、元幕内力士は幕下へ落ちると引退するが、元大関は幕内から落ちると引退するのが一般的で、小錦は場所後引退するにしても最後までとるつもりだったのが、十三日目に琴の若に負けて負け越し、記者団が高砂部屋へ押しかけた際、親方が「引退」を口にしてしまった。一度口にしたら土俵に上がるのは失礼だということから、小錦は翌日は休んで、そのまま引退し、佐ノ山親方となった。しかしすぐ退職して「KONISHIKI」の名でタレント活動をしていた。最初の妻とは別れて再婚し、ために本名も「小錦八十吉」になっている。この場所後、元関脇の若翔洋《わかしょうよう》も引退し、音羽山親方となるが、のち退職し、馬場口洋一の名で総合格闘家になっている。

十二月に、陸奥親方（元・星岩濤）は陸奥親方の名跡と部屋を元大関の霧島に譲り渡して退職した。

「一年を二十日で暮らす」と言われた昔と違い、本場所が六つある上、その間も巡業があり、初場所後に行われる「大相撲トーナメント」と、その類似の企画が増えていくから、力士の一年は働きづめになっている。

†一九九八年――波乱の理事選

私は前の年、母校に博士論文を提出して受理され、ほっとして、その刊行のための書き直しに勤しんでいた。ある意味大阪にも慣れてきて、書く仕事もでき、充実した日々だったとも言えるだろう。ただ私は関東人で、ずっと大阪にいるつもりはなかった、それが困りごとではあった。

初場所は、貴ノ浪の綱とり場所となったが、十日目までに三敗して、貴乃花も十三日目から休場、**武蔵丸**が十二勝で優勝を決めた。関脇では栃東と武双山が並んで、大関レースが始まっていた。場所後、大島部屋の旭里が引退し、熊ヶ谷《くまがたに》親方となった。

場所後、相撲協会の理事選が行われたが、ここで波乱が起きた。前々からの八百長問題に、境川の親方株一括管理の方針などに批判が出て、これまで十人の理事は前もって一門内で調整がついて無投票で決まっていたのが、高砂一門の高田川が造反して立候補、二所ノ関一門では、二人の枠のところへ間垣（元二代目若乃花）が立候補、一方これまで理事を務めてきた陣幕（北の富士）は、高砂一門の理事候補から外され、理事選のあった一月三十一日に相撲協会を退職した。また当選した高田川は、高砂一門から破門され、無所属となった。境川は責任をとって理事長を辞任したが、後任の理事長に、六十歳になる時津風（元大関・豊山）と北の湖を推す理事が譲らず、北の湖が譲って、時津風が理事長に就任するという異例の事態となった。理事は以下の通り。

境川（佐田の山）、北の湖、時津風、佐渡ヶ嶽（琴櫻）、二子山（貴ノ花）、間垣（新、二代目若乃花）、高砂（富士錦）、木瀬（前頭清の盛）、大島（新、旭國）、高田川（新、前の山）

八百長をしていたと批判された北の富士と前の山のうち、一人は去って一人は理事になるという変なことになったわけである。しかし北の富士はすぐに、NHKの相撲解説者に迎えられ、今日まで人気者でいる。顔と姿がよくて語り口が巧みだからである。

春場所は、貴乃花が途中休場し、武蔵丸と貴ノ浪が八勝七敗に終わる中、初日から連勝を続けた**若乃花**が、曙に敗れたのみで、十四勝で優勝を決めた。また高田川部屋の元小結・剣晃《けんこう》は、原因不明の病気で入院し、番付は幕下まで落ちていたが、場所三日目の三月十日に、三十歳で死去した。

東			西		
横綱	○曙	東関 29	横綱	◎貴乃花	二子山 25
横綱	○若乃花	二子山 27			
大関	○貴ノ浪	二子山 26	大関	○武蔵丸	武蔵川 27
関脇	●安芸乃島	二子山 31	関脇	○千代大海	九重 22
小結	●琴　錦	佐渡嶽 30	小結	●魁　皇	友綱 26
前頭 1	●小城錦	出羽海 27	前頭 1	○貴闘力	二子山 30
前頭 2	○武双山	武蔵川 26	前頭 2	●栃乃洋	春日野 24
前頭 3	●五城楼	間垣 24	前頭 3	●敷　島	立田川 27
前頭 4	●栃乃和歌	春日野 36	前頭 4	○出　島	武蔵川 24
前頭 5	●巌　雄	北の湖 27	前頭 5	○栃　東	玉ノ井 21
前頭 6	●濱ノ嶋	三保関 28	前頭 6	●肥後ノ海	三保関 28
前頭 7	●土佐ノ海	伊勢海 26	前頭 7	●若ノ城	間垣 25
前頭 8	○旭　豊	大島 29	前頭 8	○蒼樹山	時津風 28
前頭 9	●寺　尾	井筒 35	前頭 9	○琴の若	佐渡嶽 30
前頭 10	○湊富士	湊 30	前頭 10	○玉春日	片男波 26
前頭 11	○若の里	鳴戸 22	前頭 11	○旭鷲山	大島 25
前頭 12	●朝乃翔	若松 28	前頭 12	●琴稲妻	佐渡嶽 36
前頭 13	○水戸泉	高砂 35	前頭 13	○琴　龍	佐渡嶽 26
前頭 14	○海　鵬	八角 25	前頭 14	●出羽嵐	出羽海 28
前頭 15	●金開山	出羽海 22	前頭 15	●旭天鵬	大島 23
前頭 16	○朝乃若	若松 28			

1998 年 7 月場所番付（若乃花横綱昇進時）

*◎＝優勝、○＝勝ち越し、●＝負け越し、数字は年齢

また場所後の三月二十六日、『週刊ポスト』の記事について相撲協会が刑事告訴した事件での不起訴処分が決まった。

さて夏場所は、**若乃花**の連覇で、若乃花はこれで横綱に昇進する。十二勝三敗と比較的低調で、準優勝の貴ノ浪は十一勝、曙、貴乃花、武蔵丸は十勝だった。だがこれが、貴乃花が暗に八百長だと指弾して兄と不仲になる原因となったのである。若乃花は、短命と言われる不知火型の土俵入りを選んだ。

後になって人々は貴乃花の言うことを理解したが、その当時は不思議なくらい人々は若乃花の肩をもち、

貴乃花を責めたものである。

六月はヴァンクーヴァーで巡業があり、貴乃花が総合優勝した。

三横綱となった名古屋場所は、**貴乃花**が曙に敗れただけの十四勝で優勝した。場所後、元小結の三杉里が引退したが、年寄株がなく、横綱・大関でなくとも現役名で残れる準年寄制度がこの五月に制定されたのを初めて利用し、準年寄・三杉里となり、二年後、浜風親方になった。出羽海部屋の小城乃花も引退して準年寄となり、のち高崎親方になった。

参議院選挙で自民党が敗北した責任をとって橋本が退陣、小渕恵三が内閣総理大臣になったのは七月末のことである。

その後の秋場所前に、二子山親方が、貴乃花が若乃花を拒絶しているとして、「整体師に洗脳されている」と言ったことから、貴乃花洗脳騒動が起きる。これは当時はたから見ていても何が起きているのか分からなかった。貴乃花はのちに、洗脳などという事実はなく、母と兄の捏造《でつぞう》（ねつぞう）だったと言っているが、若乃花が八百長で横綱になったので貴乃花が怒り、兄と不仲になり、花田家全体に及んだという割と分かりやすい話が、当時は何かの力で押しとどめられて、貴乃花がおかしくなっている、という方向へ誘導されていた。

先に触れた『「週刊ポスト」は大相撲八百長をこう報じてきた』は、二〇〇一年、つまりまだ貴乃花の現役時代に小学館文庫で出て、新版の新書版を二〇一一年に出しているが、

場所	幕内最高優勝	三賞
1月場所	武蔵丸光洋（12勝3敗③）	㊩栃東、㊇武双山、㊈琴錦
3月場所	若乃花勝（14勝1敗④）	㊩魁皇、㊇土佐ノ海、蒼樹山、㊈千代大海
5月場所	若乃花勝（12勝3敗⑤）	㊩琴錦、小城錦、㊇出島、若の里、㊈安芸乃島
7月場所	貴乃花光司（14勝1敗⑲）	㊩出島、㊇琴の若、㊈千代大海
9月場所	貴乃花光司（13勝2敗⑳）	㊩琴乃若、㊈千代大海
11月場所	琴錦功宗（14勝1敗②）	㊩琴錦、㊇土佐ノ海、㊈栃東、琴錦
年間最多勝＝若乃花勝（67勝23敗）		

1998年本場所

＊丸数字は優勝回数。㊩＝殊勲賞、㊇＝敢闘賞、㊈＝技能賞。

相撲協会の告訴が不起訴になったところで唐突に終わっていて、貴乃花や若乃花には触れていないが、当時の『週刊ポスト』を見ると、若乃花の横綱昇進前は、「時津風理事長が画策！『若貴兄弟横綱』と『曙追放』疑惑の『取り組み・シナリオ』」（五月二十九日号）、昇進後には「『兄弟対決無し』では——『若貴横綱時代』で相撲は凋落《ちょうらく》だ！」などとやっていたのが、「洗脳騒動」が起きてからは、「『貴乃花よ早く洗脳から目を醒ませ！』〔独占〕二子山親方・おかみさんが痛恨告白」とか「母親を『クソババァ』呼ばわり！ 角界名門・花田家にいま何が起きているのか？『景子夫人もついに家を捨てた！』——〝洗脳〟貴乃花に重大証言」など、若乃花と花田憲子寄りの記事ばかりになってしまい、若乃花の八百長横綱問題に突っ込まないのである。当時やくみつるがおそらく同誌に描いた四コマ漫画で、貴乃花を精神異常扱いしたものすらあった。

当時、貴乃花を擁護していたのは内館牧子くらいではないか。どうも世間では、家族は仲よくすべしという価値観が強く、愛すべき「お兄ちゃん」だって横綱になりたくて、ちょっと八百長やったくらい許してやれよ貴乃花、という意識があったのではないか。

武田頼政《よりまさ》の『ガチンコ──さらば若乃花』は二〇〇〇年、若乃花の引退直後の刊行で、題名通り若乃花をガチンコ力士だとし、貴乃花が冨田多四郎というおかしな整体師の狂人めいた言葉に洗脳されたとしているが、肝心の横綱昇進前の若乃花の二連覇については詳しく書いていない。のち二〇〇五年に武田は『週刊現代』に貴乃花の八百長などについて書くことになるが、そこで、二〇〇〇年三月場所後、武田が二子山親方から出入り禁止にされたことを書いている。また、兄弟での優勝決定戦の前夜、親方が「光司、明日は分かっているな」と言い、八百長で負けることを示唆したともある。『ガチンコ』の時点では、武田は真実を描けなかったのではないか。

秋場所は、**貴乃花**が十三勝で優勝、若乃花は十二勝だった。場所後、三段目まで落ちていた九重部屋の巴富士が廃業した。

十月三日、曙と、クリスティーン・麗子の結婚式、披露宴が都内のホテルで行われた。

九州場所前に久島海が引退し、準年寄をへて田子ノ浦親方になった。曙が休場し、貴乃花が序盤で二敗する中、前頭十二枚目で全勝を続けていた三十歳の**琴錦**が、十二日目に若乃花に当てられて敗れたが、そのあと貴乃花、貴ノ浪と破り、十四勝で二度目の平幕優勝

武蔵丸

千代大海

を遂げた。琴錦というのは、八百長に手を染めなければ大関になっていた力士であろう。

†一九九九年——武蔵丸横綱昇進

このころ私は、阪大を辞めて東京へ帰るつもりでいた。同僚とのトラブルのためで、精神を病んでもいたし、このまま大阪にいるつもりもなく、東京の私立大学の公募に四件くらい出したが、うち二件の面接に行った結果、みな落とされた。年初に出した『もてない男』という新書が売れているので、これでいけるかな、とも思っていた。

九州場所で、関脇の千代大海が十勝、小結の武双山と出島が九勝、琴乃若が十勝したため、初場所では関脇に千代大海、琴乃若、武双山の三人、小結に出島、栃東、琴錦の三人が並んだ。曙は休場し、貴乃花と武蔵丸は八勝七敗、貴ノ浪が六勝九敗と不調の中、若乃花と千代大海が十三勝二敗となる。若乃花が一敗で千秋楽に**千代大海**に敗れたため、優勝決定戦となって千代大海が制して初優勝をとげ、場所後、大関に昇進した（三場所で三十二勝）。

出島は本名で、中央大学出身で三重ノ海の武蔵川部屋に入った。

東			西		
横綱	●若乃花	二子山 28	横綱	○貴乃花	二子山 26
横綱	●曙	東関 29			
大関	◎武蔵丸	武蔵川 27	大関	●千代大海	九重 22
			大関	○貴ノ浪	二子山 27
関脇	●武双山	武蔵川 27	関脇	●琴乃若	佐渡嶽 30
小結	○栃　東	玉ノ井 22	小結	○出　島	武蔵川 25
小結	○安芸乃島	二子山 32	小結	○魁　皇	友綱 26
前頭 1	○貴闘力	二子山 31	前頭 1	●琴　錦	佐渡嶽 30
前頭 2	○土佐ノ海	伊勢海 27	前頭 2	●敷　島	立田川 28
前頭 3	●旭鷲山	大島 26	前頭 3	●寺　尾	井筒 36
前頭 4	●肥後ノ海	三保関 29	前頭 4	●玉春日	片男波 27
前頭 5	●闘　牙	高砂 24	前頭 5	○栃乃洋	春日野 25
前頭 6	●湊富士	湊 30	前頭 6	●若の里	鳴戸 22
前頭 7	○雅　山	武蔵川 21	前頭 7	●巌　雄	北の湖 28
前頭 8	○蒼樹山	時津風 29	前頭 8	○栃乃和歌	春日野 36
前頭 9	○千代天山	九重 23	前頭 9	●濱ノ嶋	三保関 29
前頭 10	●水戸泉	高砂 36	前頭 10	○琴　龍	佐渡嶽 27
前頭 11	●小城錦	出羽海 27	前頭 11	○時津海	時津風 25
前頭 12	●五城楼	間垣 25	前頭 12	○海　鵬	八角 25
前頭 13	●朝乃若	若松 29	前頭 13	○大日ノ出	立浪 29
前頭 14	○若ノ城	間垣 25	前頭 14	○朝乃翔	若松 29

1999 年 3 月場所番付（千代大海大関昇進時）
＊◎＝優勝、○＝勝ち越し、●＝負け越し、数字は年齢

前頭十三枚目にいた元小結の旭豊は、十二日目に負け越すとあっさり引退したが、これは場所後定年退職する立浪親方の後継者になるためで、立浪を継いだが、前立浪の娘と離婚したため裁判を起こされ、しかし旭豊が勝った。

春場所は、曙が休場で、若乃花、貴乃花に新大関の千代大海が、十日目から十一日目に途中休場する異常事態となり、**武蔵丸**が十三勝二敗で優勝した。場所後、二子山部屋の豊ノ海が引退し、山響親方になったが、のち退職した。

この三月場所は、大阪にいた私は観に行っている。秋に同僚だった女

東			西		
横綱	○曙	東関 30	横綱	○武蔵丸	武蔵川 28
横綱	●若乃花	二子山 28	横綱	○貴乃花	二子山 26
大関	○貴ノ浪	二子山 27	大関	○千代大海	九重 23
関脇	○魁　皇	友綱 27	関脇	◎出　島	武蔵川 25
関脇	●栃　東	玉ノ井 22			
小結	○土佐ノ海	伊勢海 27	小結	●千代天山	九重 23
前頭1	○琴　錦	佐渡嶽 31	前頭1	●安芸乃島	二子山 32
前頭2	●若の里	鳴戸 23	前頭2	●闘　牙	高砂 25
前頭3	●貴闘力	二子山 31	前頭3	●肥後ノ海	三保関 29
前頭4	●雅　山	武蔵川 22	前頭4	●湊富士	湊 31
前頭5	●蒼樹山	時津風 29	前頭5	●海　鵬	八角 26
前頭6	○武双山	武蔵川 27	前頭6	○玉春日	片男波 27
前頭7	○旭鷲山	大島 26	前頭7	○敷　島	立田川 28
前頭8	●栃乃洋	春日野 25	前頭8	○朝乃翔	若松 29
前頭9	●濱ノ嶋	三保関 29	前頭9	●栃乃和歌	春日野 37
前頭10	○琴ノ若	佐渡嶽 31	前頭10	●旭天鵬	大島 24
前頭11	●若ノ城	間垣 26	前頭11	○寺　尾	井筒 36
前頭12	●燁　司	入間川 25	前頭12	●大　善	二所関 34
前頭13	○時津海	時津風 25	前頭13	○和歌乃山	武蔵川 27
前頭14	●大日ノ出	立浪 29	前頭14	○厳　雄	北の湖 28
前頭15	○琴　龍	佐渡嶽 27			

1999年7月場所番付（武蔵丸横綱昇進時）
＊◎＝優勝、○＝勝ち越し、●＝負け越し、数字は年齢

性と結婚するのだが、その人と一緒に行ったのであった。

夏場所、武蔵丸の綱とり場所と言われた。なおこの「綱とり」という言葉は、一九七三年に司馬遼太郎原作の大河ドラマ「国盗り物語」が放送されてからできた言葉である。貴乃花と千代大海が休場する中、**武蔵丸**は十三勝をあげて連覇、横綱に昇進した。協会からの使者に対して武蔵丸は「日本人として」という言葉を入れて受諾の返事をした。

六月に、元小結の大翔鳳《だいしょうほう》が廃業したが、これは膵臓がんのためで、治療に努めたが、十二月に三十二歳で死去した。

東			西		
横綱	●曙	東関 30	横綱	◎武蔵丸	武蔵川 28
横綱	●貴乃花	二子山 27	横綱	●若乃花	二子山 28
大関	○千代大海	九重 23	大関	●貴ノ浪	二子山 27
大関	○出　島	武蔵川 25			
関脇	○魁　皇	友綱 27	関脇	●土佐ノ海	伊勢海 27
小結	●琴　錦	佐渡嶽 31	小結	○武双山	武蔵川 27
前頭1	○栃　東	玉ノ井 22	前頭1	○玉春日	片男波 27
前頭2	●旭鷲山	大島 26	前頭2	●朝乃翔	若松 29
前頭3	●闘　牙	高砂 25	前頭3	○安芸乃島	二子山 32
前頭4	●敷　島	立田川 28	前頭4	●琴ノ若	佐渡嶽 31
前頭5	○雅　山	武蔵川 22	前頭5	●湊富士	湊 31
前頭6	●千代天山	九重 23	前頭6	●若の里	鳴戸 23
前頭7	○貴闘力	二子山 32	前頭7	○寺　尾	井筒 36
前頭8	●栃乃洋	春日野 25	前頭8	○蒼樹山	時津風 29
前頭9	●海　鵬	八角 26	前頭9	●巌　雄	北の湖 29
前頭10	●時津海	時津風 25	前頭10	○琴　龍	佐渡嶽 27
前頭11	○和歌乃山	武蔵川 27	前頭11	○肥後ノ海	三保関 30
前頭12	○旭天鵬	大島 25	前頭12	○濱ノ嶋	三保関 29
前頭13	●金開山	出羽海 23	前頭13	●燁　司	入間川 26
前頭14	○皇　司	入間川 28	前頭14	○朝乃若	若松 29
前頭15	○大日ノ出	立浪 29			

1999年9月場所番付（出島大関昇進時）
＊◎＝優勝、○＝勝ち越し、●＝負け越し、数字は年齢

六月、芝田山親方（元・大乃国）は、放駒部屋から独立して、高井戸に芝田山部屋を興した。

六月十九日、大関・魁皇は、五歳年上の元女子プロレスラー・西脇充子との結婚披露宴を都内のホテルで行った。

名古屋場所は四横綱になったが、若乃花は休場、貴乃花は後半に四連敗し、曙と、関脇の出島が十三勝で並んだ。優勝決定戦で**出島**が勝ち、優勝を決め、場所後、大関に昇進した（三場所で三十三勝）。元関脇の栃乃和歌が、まだ幕内にいたが、場所途中で休場、引退して竹縄親方となり、元小結の琴稲妻も引退して粂川

栃乃和歌

親方になった。

『別冊ステラ　大相撲特集』は、この名古屋場所号限りで、題名を『NHK大相撲中継』と変えた。

　秋場所は四横綱三大関となったが、上位陣が崩れ、曙、貴乃花、貴ノ浪が途中休場し、若乃花は皆勤して七勝八敗と負け越す中、武蔵丸が十二勝三敗で優勝した。この時、表彰式での優勝力士インタビューでアナウンサーの石橋省二が、「これからは「君が代」も歌うようにお願いしたいですね」と言ったため、少し議論が起きたが大きな騒ぎにはならなかった。この場所を最後に、長くNHKの相撲解説を務めた出羽錦が引退した。おりおり俳句を詠むことで知られていた。

　九州場所は曙と若乃花が休場、貴ノ浪は負け越して大関陥落、**武蔵丸**がまた十二勝で優勝し、貴乃花は十一勝に甘んじた。貴乃花はこの間、二年近く優勝から遠ざかるのである。場所後、元小結の舞の海が廃業し、相撲解説者に転身、今もNHKの相撲解説をしている。

　NHKで相撲を観ている人には、アナウンサーも重要な「相撲人」だが、放送初期に担当したのは河原《かわはら》武雄（一九一四―二〇一二）、北出《きたで》清五郎《せいごろう》（一九二二―二〇〇三）で、北出は一九五三年の放送開始から七九年ころまで相撲中継を担当し「相撲の北出」と呼ばれ、相撲関係の著書も多い。杉山邦博《くにひろ》（一九三〇―　）も一九五七年から担当し、独特の風貌で知ら

場所	幕内最高優勝	三賞
1月場所	千代大海龍二(13勝2敗①)	㊩千代大海、武双山、㊭千代大海、千代天山、㊑安芸乃島
3月場所	武蔵丸光洋(13勝2敗④)	㊩安芸乃島、㊭雅山、千代天山
5月場所	武蔵丸光洋(13勝2敗⑤)	㊩土佐ノ海、千代天山、㊭魁皇、㊑若の里
7月場所	出島武春(13勝2敗①)	㊩出島、㊭出島、土佐ノ海、㊑出島
9月場所	武蔵丸光洋(12勝3敗⑥)	㊩栃東、㊭安芸乃島、㊑安芸乃島
11月場所	武蔵丸光洋(12勝3敗⑦)	㊩土佐ノ海、㊭魁皇、㊑栃東
年間最多勝＝武蔵丸光洋（73勝17敗）		

1999年本場所

＊丸数字は優勝回数。㊩＝殊勲賞、㊭＝敢闘賞、㊑＝技能賞。

れ、八七年に定年を迎えたが、その後も相撲取材は続けた。向坂《さきさか》松彦《まつひこ》（一九三三―二〇〇〇）は一九六二年から担当し、九三年に定年を迎えたが、二〇〇〇年に持病を苦に自殺したのは、明るい表情が印象的な人だっただけにショックだった。先に出た石橋省二（一九三七―）は武蔵川部屋についての著書もある、ロマンスグレーの紳士風の人である。また内藤勝人《かつと》（一九四二―二〇一九）も親しまれた。

†二〇〇〇年――八百長疑惑

二十世紀最後の年となる二〇〇〇年初場所は、若乃花が休場、武蔵丸が四日目から休場となる中、貴乃花は十二勝で、関脇の武双山の十三勝に及ばず、**武双山**の初優勝となった。武蔵川部屋の力士で、三重ノ海が設立した武蔵川部屋は、武蔵丸、武双山、出島と有力力士を抱えつつあった。関脇に落ちた貴ノ浪は、十勝をあげて規定によって大関に復帰した。

だがこの場所十三日目の一月二十一日、元小結の板井が、外国

安芸乃島

貴闘力

特派員協会で講演をし、二十人の力士の実名をあげて八百長があると告発した。曙、千代大海、朝乃若、肥後ノ海、敷島《しきしま》、蒼樹山《あおぎやま》、朝乃翔、湊富士、皇司、大日ノ出、魁皇、闘牙《とうき》、琴ノ若、琴錦、濱ノ嶋、旭鷲山、寺尾、海鵬、戦闘竜《せんとりゅう》、星誕期《ほしたんご》の名があがった。板井の講演は二度にわたり、時津風理事長は八百長はないと否定し、相撲協会と力士会は板井に抗議した。力士会は、十両以上の力士で作る親睦団体で、この時の会長は曙。先輩横綱が会長になるのが恒例で、本稿の範囲で歴代会長をいえば、輪島、北の湖、千代の富士、北勝海、小錦（横綱不在のため）、曙となる。この時の緊急力士会で、「三月場所で八百長をやるやつは許さん」と言ったのが、協会の風紀委員と言われるガチンコの安芸乃島と貴闘力だという。

この時、右翼の街宣車が国技館と、多くの相撲部屋がある両国界隈へ出張って八百長を攻撃したという。

相撲協会は四月に十八名の力士について聴取を行い、八百長はないとした上で、板井を告訴するつもりはないという灰色決着をした。板井は同年『中盆』を小学館から刊行し、八百長の内実を暴露した。元・大鳴戸の『八百長』が、新左翼系の暴露出版社・鹿砦社から出たことを思うと、八百長の告発が市民権を得て来た、ともいえる。
だがその大鳴戸親方が告発していた時、板井は北の富士らに頼まれて、「八百長はない」という文書に署名捺印していた。当時経営していたちゃんこ屋のためだったという。板井はアマチュア相撲から大相撲に入り、序ノ口から全勝を続けて五場所で十両に上がるという記録を作るほど強かったが、親方から八百長を仕組まれ、八百長に染まっていったという。

板井にせよ大鳴戸にせよ、かつて自分が八百長をやっていたということで、後になって正義漢ぶって暴露・告発をするくらいなら最初からやらなければいいので、ガチンコ力士らは彼らに好感情は持っていないだろうが、彼らが告発しなければ表へ出なかったともいえる。

一月末に行われた理事選は、またも投票になり、若松（朝潮）と若藤《わかふじ》（和晃《かつひかり》）が当選し、伊勢ノ海（藤ノ川）が落選した。新幹部は以下の通り。

理事長・時津風、理事・境川、北の湖、佐渡ヶ嶽、二子山、間垣、若松（新）、大島、若藤（新、前頭和晃）、高田川、監事・武蔵川、常盤山（関脇若秩父）、八角（北勝海）

和晃というのは最高位・前頭筆頭で、一九七四年に引退し、伊勢ヶ濱部屋つきだった。立浪・伊勢ヶ濱連合では、伊勢ヶ濱が退任したあと適当な人材がなかったのだろう。

ＮＨＫの解説者の緒方昇は、この場所限りで引退した。

雅山

春場所は横綱大関が全員揃ったが、若乃花が五日目、栃東に敗れて三敗となり、引退して藤島を名乗った。前頭十四枚目の幕尻にいた**貴闘力**が初日から連勝し、十三日目武蔵丸、十四日目曙に当てられて敗れたが二敗で優勝を決めた。曙は十二勝、貴乃花と武蔵丸は十一勝だった。貴ノ浪は七勝八敗で負け越し、角番となり、関脇の武双山が十二勝をあげ、大関に昇進した（三場所で三十五勝）。場所後、北の湖部屋の巌雄《がんゆう》が引退し、準年寄をへて小野川を名乗った。

また大阪場所なので、大阪府知事だった太田房江が、府知事賞を手渡したいと言ったが、これまた女人禁制で退けられた。

四月二日、小渕総理が脳梗塞を発症して意識不明となり、急遽森喜朗が後継総理となったが、失言が多かった。

夏場所は武蔵丸、武双山が休場、曙と貴乃花、小結の魁皇が一敗で来たが、十三日目に貴乃花が千代大海に敗れ、千秋楽に曙が貴乃花に敗れて二敗となり、**魁皇**が一敗で優勝し

東			西		
横綱	○曙	東関 31	横綱	○貴乃花	二子山 27
横綱	●武蔵丸	武蔵川 29			
大関	○出　島	武蔵川 26	大関	●武双山	武蔵川 28
大関	○千代大海	九重 24	大関	●貴ノ浪	二子山 28
関脇	○雅　山	武蔵川 22	関脇	○栃　東	玉ノ井 23
小結	○土佐ノ海	伊勢海 28	小結	◎魁　皇	友綱 27
			小結	●貴闘力	二子山 32
前頭1	●栃乃洋	春日野 26	前頭1	●朝乃若	若松 30
前頭2	●和歌乃山	武蔵川 28	前頭2	●濱ノ嶋	三保関 30
前頭3	●小城錦	出羽海 28	前頭3	●大　善	二所関 35
前頭4	●旭鷲山	大島 27	前頭4	○玉春日	片男波 28
前頭5	●海　鵬	八角 27	前頭5	●琴　龍	佐渡嶽 28
前頭6	●旭天鵬	大島 25	前頭6	●千代天山	九重 24
前頭7	○隆乃若	鳴戸 25	前頭7	○安芸乃島	二子山 33
前頭8	●琴光喜	佐渡嶽 24	前頭8	●時津海	時津風 26
前頭9	○闘　牙	高砂 25	前頭9	●湊富士	湊 31
前頭10	●敷　島	立田川 29	前頭10	●金開山	出羽海 24
前頭11	○追風海	追手風 24	前頭11	○肥後ノ海	三保関 30
前頭12	○栃乃花	春日野 27	前頭12	●朝乃翔	若松 30
前頭13	●蒼樹山	時津風 30	前頭13	●寺　尾	井筒 37
前頭14	●十文字	立田川 23	前頭14	○琴ノ若	佐渡嶽 32

2000年5月場所番付（武双山大関昇進時）

＊◎＝優勝、○＝勝ち越し、●＝負け越し、数字は年齢

た。関脇の雅山《みやびやま》（武蔵川）は十一勝をあげ、大関に昇進した（三場所で三十四勝）。貴ノ浪は六勝九敗と負け越して大関から陥落と、大関の入れ替わりが激しい。雅山は本名・竹内、武双山の父に相撲を教えられ、明治大学で相撲をとっていたが中退して武蔵川部屋からデビューした。

夏場所八日目の五月十四日、前総理の小渕恵三が意識を取り戻さないまま死去した。千秋楽の翌日二十四日、私は筑摩書房などの太宰治賞贈呈式に招かれていたので、東京會館へ行った。往年の受賞者であり、かねて尊敬する作家の吉村昭氏がいたから、話しかけた。吉村氏は好角家

東			西		
横綱	◎曙	東関 31	横綱	●貴乃花	二子山 27
横綱	○武蔵丸	武蔵川 29			
大関	○千代大海	九重 24	大関	●雅　山	武蔵川 23
大関	○出　島	武蔵川 26	大関	●武双山	武蔵川 28
関脇	○魁　皇	友綱 28	関脇	○栃　東	玉ノ井 23
			関脇	●貴ノ浪	二子山 28
小結	●土佐ノ海	伊勢海 28	小結	●玉春日	片男波 28
前頭 1	○安芸乃島	二子山 33	前頭 1	●栃乃花	春日野 27
前頭 2	●闘　牙	高砂 26	前頭 2	●隆乃若	鳴戸 25
前頭 3	●栃乃洋	春日野 26	前頭 3	●朝乃若	若松 30
前頭 4	●小城錦	出羽海 29	前頭 4	●和歌乃山	武蔵川 28
前頭 5	○追風海	追手風 25	前頭 5	●肥後ノ海	三保関 30
前頭 6	●海　鵬	八角 27	前頭 6	○琴　龍	佐渡嶽 28
前頭 7	○琴ノ若	佐渡嶽 32	前頭 7	○旭天鵬	大島 25
前頭 8	●旭鷲山	大島 27	前頭 8	○貴闘力	二子山 32
前頭 9	○千代天山	九重 24	前頭 9	●湊富士	湊 32
前頭 10	●濱ノ嶋	三保関 30	前頭 10	●大　善	二所関 35
前頭 11	○高見盛	東関 24	前頭 11	○時津海	時津風 26
前頭 12	●敷　島	立田川 29	前頭 12	○皇　司	入間川 29
前頭 13	○戦闘竜	友綱 31	前頭 13	○安美錦	安治川 21
前頭 14	●蒼樹山	時津風 30	前頭 14	○金開山	出羽海 24

2000年7月場所番付（雅山大関昇進時）

＊◎＝優勝、○＝勝ち越し、●＝負け越し、数字は年齢

としても知られていた。だが氏は、最近は観ていない、外国人がとるようになって、土俵上で睨みつけたりするでしょ、と言った。吉村氏は学習院出身だし、『戦艦武蔵』などの著者でもあるから、保守派で、外国人力士嫌いだったのだろう。私は心中ひそかに、日本人力士でも立ち合い前に睨みあうことはある、と思った。

　ロバート・ホワイティングの『ジェシーとサリー』に、吉村の小錦批判が引用されている（典拠不明）。「……悲しいかな、あれは相撲ではない。こういう事態は何とかせねばならぬ。私は保守的なのかもしれな

東			西		
横綱	○曙	東関 31	横綱	○武蔵丸	武蔵川 29
横綱	●貴乃花	二子山 28			
大関	○千代大海	九重 24	大関	○出　島	武蔵川 26
大関	○魁　皇	友綱 28	大関	○雅　山	武蔵川 23
関脇	●栃　東	玉ノ井 23	関脇	○武双山	武蔵川 28
小結	●安芸乃島	二子山 33	小結	○貴ノ浪	二子山 28
前頭 1	●土佐ノ海	伊勢海 28	前頭 1	●琴　龍	佐渡嶽 28
前頭 2	●千代天山	九重 24	前頭 2	○追風海	追手風 25
前頭 3	●旭天鵬	大島 26	前頭 3	●栃乃洋	春日野 26
前頭 4	●貴闘力	二子山 33	前頭 4	●闘　牙	高砂 26
前頭 5	●小城錦	出羽海 29	前頭 5	●隆乃若	鳴戸 25
前頭 6	○和歌乃山	武蔵川 28	前頭 6	●琴ノ若	佐渡嶽 32
前頭 7	○栃乃花	春日野 27	前頭 7	●高見盛	東関 24
前頭 8	●海　鵬	八角 27	前頭 8	●朝乃若	若松 30
前頭 9	●玉春日	片男波 28	前頭 9	●安美錦	安治川 21
前頭 10	●時津海	時津風 26	前頭 10	○若の里	鳴戸 24
前頭 11	●皇　司	入間川 29	前頭 11	●湊富士	湊 32
前頭 12	○肥後ノ海	三保関 31	前頭 12	●戦闘竜	友綱 31
前頭 13	●金開山	出羽海 24	前頭 13	○濱ノ嶋	三保関 30
前頭 14	○旭鷲山	大島 27	前頭 14	●大　至	押尾川 32
前頭 15	○栃　栄	春日野 26			

2000年9月場所番付（魁皇大関昇進時）

＊◎＝優勝、○＝勝ち越し、●＝負け越し、数字は年齢

場所	幕内最高優勝	三賞
1月場所	武双山正士（13勝2敗①）	㊙武双山、雅山、㊕隆乃若、旭天鵬、㊌武双山
3月場所	貴闘力忠茂（13勝2敗①）	㊙貴闘力、㊕雅山、貴闘力、㊌武双山
5月場所	魁皇博之（14勝1敗①）	㊙魁皇、㊕雅山、魁皇、栃乃花、㊌栃乃花
7月場所	曙太郎（13勝2敗⑩）	㊙魁皇、㊕高見盛、安美錦、㊌栃東
9月場所	武蔵丸光洋（14勝1敗⑧）	㊕若の里、㊌追風海、栃乃花
11月場所	曙太郎（14勝1敗⑪）	㊙若の里、琴光喜、㊕琴光喜、㊌琴光喜
年間最多勝＝曙太郎（76勝14敗）		

2000年本場所

＊丸数字は優勝回数。㊙＝殊勲賞、㊕＝敢闘賞、㊌＝技能賞。

いが、ガイジン力士を見ると腹が立つ」。

名古屋場所は貴乃花が途中休場し、**曙**が十三勝で優勝、関脇魁皇は十一勝をあげて大関に昇進したが（三場所で三十三勝）、大関の雅山と武双山は負け越し、武双山は大関を陥落した。この場所、友綱部屋の戦闘竜が入幕しているが、これは横田基地の米軍黒人と日本人の母の間に生まれ、米国セントルイスで育った。

二十九代式守伊之助は、庄之助になれないまま、この場所で定年を迎えた。井筒部屋の三役格行司・式守勘太夫は、定年まで二場所しかないので、伊之助襲名はないと思われたが、予想を裏切って秋場所で三十代伊之助を襲名した。

九月、時津風理事長の指名もあり、脚本家の内館牧子が女性で初めて横綱審議委員となった。内館は「土俵の女人禁制」問題で協会を支持する政治的保守派だった。

秋場所前、伊勢ノ海部屋の北勝鬨《きたかちどき》が引退したが、北勝鬨は北海道出身で、千代の山、大鵬、北の富士、北の湖、千代の富士、北勝海らを輩出した北海道出身関取がこれでいなくなった。

秋場所は貴乃花が休場、**武蔵丸**が一敗で優勝し、曙は二敗だった。関脇に落ちた武双山は十勝をあげて大関に復帰した。場所中、琴錦が引退して準年寄をへて若松親方に、水戸泉が引退して錦戸親方にと、二人の優勝経験力士が姿を消した。

九州場所は**曙**が一敗で優勝、優勝回数は十一回になった。貴乃花はこの時点で二十回目の優勝から二年二場所たっている。

九州場所中は、衆議院本会議での野党による内閣不信任案に自民党の加藤紘一と山崎拓が賛成する動きを見せ、自民党の野中広務や宮澤喜一が阻止に動く「加藤の乱」があったが、千秋楽翌日に不信任案上程があり、加藤の乱は挫折した。

十二月十八日、藤島親方となっていた元若乃花(三代目)は、突如相撲協会を退職した。アメリカンフットボールに挑戦したいなどと言っていたが、イベントで客席から「プロレス」と声があがると、色をなして「プロレスには行きません!」と言った。

同じ十二月十八日、高砂部屋の闘牙が自動車を運転中に人身事故を起こして人を死亡させた。先方に赤信号無視があったため起訴は免れたが、初場所の出場を辞退した。なお闘牙は「とうき」と読むが、「牙」は「き」ではなく、「とうが」になるはずで、変な読み方である。また鳴戸部屋の隆の鶴とは、もみあげや体形が良く似ていて、二人が対戦すると同じ人のように見えると話題になった。

†二〇〇一年——曙の引退

二十一世紀最初の二〇〇一年、初場所は曙が膝の怪我のため休場、関脇には若の里と琴光喜が上がり、貴乃花が全勝で来たが、千秋楽武蔵丸に敗れ、十四勝の同点で優勝決定戦となり、**貴乃花**が勝って久しぶりの優勝をとげた。しかし場所後、曙は突然引退を表明し、曙親方として東関部屋に残ったが、のち退職し、プロレスに入った。力士会会長は貴乃花が就任した。出羽海部屋の三役格行司・木村容堂はこの場所で立

魁皇

行司に昇格、三十一代・式守伊之助を襲名した。

なおこの場所まで、横綱二人が同点の場合、優勝決定戦の結果は来場所の番付に反映させなかった（つまり上位だった武蔵丸が東横綱）が、この場所以後反映させることになり、貴乃花が東横綱になった。

だがこのころ、二子山（貴ノ花）夫人・花田憲子の不倫が週刊誌に報道され、八月二日までに離婚したことが報じられた。八月には、妻が女優の藤田憲子だった時代のヌード写真が『週刊現代』のグラビアに掲載され、憲子は名誉毀損で訴え、講談社が賠償を命じられた。

春場所は、大関・魁皇が十二日目まで無敗で来たのを、武蔵丸、貴乃花の両横綱に敗れたが、貴乃花は武双山に土をつけられ、千秋楽は武蔵丸に敗れて武蔵丸とともに三敗となり、**魁皇**が優勝した。

魁皇は元関脇の魁輝が親方の友綱部屋の力士だが、先代友綱は元十両の一錦《いちにしき》で、私ははじめ、元十両でも親方になれるのかと思った。幕内を一場所でも務めれば親方の資格ができるが、十両は十五場所務めれば資格ができるのだ。二十九代・木村庄之助がこの場所で定年となった。

森内閣は退陣し、総裁選が行われ、変人と呼ばれた小泉純一郎が当選して、四月二十六日、内閣総理大臣になった。ＹＫＫと呼ばれた加藤紘一、山﨑拓を切り捨てての総裁就任だったが、就任すると、たたきつけるような演説で国民の心をとらえ、持論であった郵政民営化を目ざして邁進し始めた。

そして運命の夏場所、綱とりを期待された魁皇は中日で休場、武蔵丸が序盤に二敗しただけで、大関陣が総崩れする中、貴乃花が全勝で走る。だが十四日目、武双山との対戦で膝を痛めてしまい、出場は無理かと思われたが、千秋楽、場所入りした。周囲の人はぎりぎりまで休場を勧めたが、**貴乃花**は土俵に上る。一瞬、膝が外れ、それがまた入る。だが武蔵丸との対決では力が出ず敗退、優勝決定戦になった。ここで貴乃花、渾身の力で武蔵丸を寄り切って優勝を決め、土俵上で鬼の形相を見せた。もっともこれは奥のほうで付け人たちが喜んでいるのを睨んだのだという。

観戦に来ていた小泉新総理が内閣総理大臣杯を手渡し、「痛みに耐えてよく頑張った。

場所	幕内最高優勝	三賞
1月場所	貴乃花光司（14勝1敗㉑）	㊡若の里、㊔和歌乃山、㊢栃乃洋
3月場所	魁皇博之（13勝2敗②）	㊡栃乃洋、栃東、㊔玉乃島、㊢琴光喜
5月場所	貴乃花光司（13勝2敗㉒）	㊡朝青龍、㊢琴光喜
7月場所	魁皇博之（13勝2敗③）	㊡若の里、㊔玉乃島、㊢栃東、時津海
9月場所	琴光喜啓司（13勝2敗①）	㊡琴光喜、㊔朝青龍、㊢琴光喜、海鵬
11月場所	武蔵丸光洋（13勝2敗⑨）	㊔朝青龍、若の里、武雄山、㊢栃東
年間最多勝＝武蔵丸光洋（73勝17敗）		

2001年本場所

＊丸数字は優勝回数。㊡＝殊勲賞、㊔＝敢闘賞、㊢＝技能賞。

感動した！　おめでとう！」と言ったのは歴史に残るセリフだろう。もっとも武蔵丸は「（相手がケガしていたら）思い切っていけねえじゃん」と呟いていた。小泉としては「痛みに耐えて改革」を旗印にしていたからちゃっかり利用したわけだ。

しかしこのケガはやはり大きく、貴乃花の優勝はこれが最後になった上、翌年秋場所まで七場所休場し、フランスで手術を受けたりしていた。

夏場所中、立田川部屋から陸奥部屋に移っていた幕内・敷島が引退し、準年寄となり、のち立田川を襲名した。

名古屋場所では角番の**魁皇**が十三勝で優勝し、やはり角番の出島は途中休場して関脇に陥落、雅山が七勝八敗と負け越して角番と大関の上下がめまぐるしく、それはまあ大関互助会が働いていないということでもある。

秋場所は、魁皇と千代大海、雅山が途中休場し、雅山は大関陥落、大関で皆勤は武双山だけで、優勝は前頭二枚目の**琴光喜**の十三勝だった。この時前頭筆頭まで上がってきたのがモンゴルから来た朝青龍である。旭鷲山のほか、旭天鵬も幕内に上がっていた。

秋場所三日目の九月十一日、九時からのニュースをつけると、ニューヨークの貿易センタービルから火の手が上がっているのが中継され、さらに二機目の飛行機が突っ込むのが見えた。それから米国のアフガニスタン、イラクへの侵攻が始まった。

なおこのころ幕内に八角部屋（北勝海）の海鵬という力士がいたのだが、これが私が阪大を辞めるきっかけを作った酒乱の同僚に似ていたので、海鵬の悪口を言っていて、母に「海鵬に罪はないのよ」などと言われていた。当時結婚したといっても妻は関西住まいなので休みになると行ったり来たりする遠距離別居婚で、私は三鷹のマンションに住んで時々埼玉県の実家に帰っていた。大学の非常勤に行くほか、書く仕事も順調にある、いい日々だったと言えようか。

九州場所前に、元小結の智乃花が引退し、準年寄をへて浅香《あさか》山《やま》親方となった。場所では**武蔵丸**が十三勝で優勝し、関脇の栃東が十二勝して大関に昇進した（三場所で三十四勝）。栃東は、先代栃東の玉ノ井部屋所属、親方の息子である。

智乃花

若松部屋は元大関・朝潮が興した部屋で、朝青龍、朝赤龍《あさせきりゅう》のモンゴル力士に、朝乃翔、朝乃若らが育っていた。この場所から式守伊之助が三十代・木村庄之助を襲名し、出羽海部屋の木村庄三郎が、三十二代・式守伊之助となった。なお木村庄三郎というフランス文学の翻訳家がいた。

かつて、北の湖や千代の富士、隆の里や二代目若乃花など、地方に大きくて運動神経のいい少年がいると聞いて親方がおもむき、説得して連れてくる、というのが一般的な相撲の入門だったが、次第に高校や大学の相撲部からくるエリート、若貴や栃東のような師匠の息子のサラブレッドが増えて、日本も豊かになり、中学校を出ただけでつらく厳しい修業の場へ出るという男子も少なくなった。それがモンゴル力士をはじめ外国人力士の台頭の原因となったのである。

†二〇〇二年――朝青龍の初優勝

二〇〇二年一月八日、相撲解説で知られた元関脇・北の洋の緒方昇が七十八歳で死去した。

初場所前に、若松部屋の朝乃翔が引退し、準年寄をへて若松親方になるが、のち退職した。

初場所は、武蔵丸が序盤で休場、新大関の栃東と千代大海が十三勝をあげて優勝決定戦となり、**栃東**が初優勝した。

東			西		
横綱	●武蔵丸	武蔵川 30	横綱	●貴乃花	二子山 29
大関	○魁　皇	友綱 29	大関	○武双山	武蔵川 29
大関	○千代大海	九重 25	大関	◎栃　東	玉ノ井 25
関脇	○琴光喜	佐渡嶽 25	関脇	○朝青龍	若松 21
関脇	●雅　山	武蔵川 24			
小結	○若の里	鳴戸 25	小結	●旭天鵬	大島 27
前頭 1	●旭鷲山	大島 28	前頭 1	●安芸乃島	二子山 34
前頭 2	●玉乃島	片男波 24	前頭 2	●闘　牙	高砂 27
前頭 3	●海　鵬	八角 28	前頭 3	○貴ノ浪	二子山 30
前頭 4	●千代天山	九重 25	前頭 4	●出　島	武蔵川 27
前頭 5	●隆乃若	鳴戸 26	前頭 5	○琴ノ若	佐渡嶽 33
前頭 6	○栃乃洋	春日野 27	前頭 6	●追風海	追手風 26
前頭 7	○土佐ノ海	伊勢海 29	前頭 7	○皇　司	入間川 30
前頭 8	○武雄山	武蔵川 27	前頭 8	●大　善	二所関 37
前頭 9	○玉春日	片男波 30	前頭 9	●光　法	宮城野 28
前頭 10	○安美錦	安治川 23	前頭 10	●玉力道	片男波 27
前頭 11	○時津海	時津風 28	前頭 11	●大　碇	伊勢海 29
前頭 12	●和歌乃山	武蔵川 29	前頭 12	●朝乃若	若松 32
前頭 13	●小城錦	出羽海 30	前頭 13	○濱　錦	追手風 25
前頭 14	○栃　栄	春日野 27	前頭 14	●十文字	陸奥 25
前頭 15	●戦闘竜	友綱 32			

2002年1月場所番付（栃東大関昇進時）

＊◎＝優勝、○＝勝ち越し、●＝負け越し、数字は年齢

一月末の理事選は、時津風、境川が定年になる一方、また選挙になり、湊親方（元小結・豊山）が落選し、北の湖が新理事長になった。

理事長・北の湖、理事・伊勢ノ海（新、藤ノ川）、出羽海（鷲羽山）、武蔵川（新、三重ノ海）、佐渡ヶ嶽、二子山、間垣、若松（朝潮）、大島、若藤

三月に、高砂親方の富士錦が定年になるため、若松親方の朝潮と名跡を交換し、朝潮が新たな高砂親方になった。別の部屋を興してしまうと、元横綱・大関でも出身部屋を継げな

東			西		
横綱	◎武蔵丸	武蔵川 31	横綱	○貴乃花	二子山 30
大関	○千代大海	九重 26	大関	●栃　東	玉ノ井 25
大関	○魁　皇	友綱 30	大関	○武双山	武蔵川 30
大関	○朝青龍	高砂 22			
関脇	○若の里	鳴戸 26	関脇	●土佐ノ海	伊勢海 30
小結	●高見盛	東関 26	小結	●貴ノ浪	二子山 30
前頭 1	●雅　山	武蔵川 25	前頭 1	●栃乃洋	春日野 28
前頭 2	●霜　鳥	時津風 24	前頭 2	●闘　牙	高砂 28
前頭 3	○旭天鵬	大島 28	前頭 3	●琴　龍	佐渡嶽 30
前頭 4	●栃　栄	春日野 28	前頭 4	○隆乃若	鳴戸 27
前頭 5	○玉乃島	片男波 25	前頭 5	●武雄山	武蔵川 28
前頭 6	○北勝力	八角 24	前頭 6	●時津海	時津風 28
前頭 7	○琴光喜	佐渡嶽 26	前頭 7	●安美錦	安治川 23
前頭 8	●海　鵬	八角 29	前頭 8	○玉春日	片男波 30
前頭 9	●琴ノ若	佐渡嶽 34	前頭 9	○五城楼	間垣 29
前頭 10	●出　島	武蔵川 28	前頭 10	●春日錦	春日野 27
前頭 11	●大　善	二所関 37	前頭 11	○旭鷲山	大島 29
前頭 12	○和歌乃山	武蔵川 30	前頭 12	●皇　司	入間川 31
前頭 13	●安芸乃島	二子山 35	前頭 13	●朝乃若	高砂 32
前頭 14	○栃乃花	春日野 29	前頭 14	●蒼樹山	時津風 32
前頭 15	○潮　丸	東関 24			

2002 年 9 月場所番付（朝青龍大関昇進時）

＊◎＝優勝、○＝勝ち越し、●＝負け越し、数字は年齢

場所	幕内最高優勝	三賞
1月場所	栃東大裕（13 勝 2 敗①）	(敢)武雄山、(技)琴光喜、時津海
3月場所	武蔵丸光洋（13 勝 2 敗⑩）	(殊)朝青龍、(敢)隆乃若、(技)安美錦
5月場所	武蔵丸光洋（13 勝 2 敗⑪）	(敢)朝青龍、北勝力、(技)旭鷲山
7月場所	千代大海龍二（14 勝 1 敗②）	(殊)朝青龍、土佐ノ海、(敢)霜鳥、(技)高見盛
9月場所	武蔵丸光洋（13 勝 2 敗⑫）	(敢)琴光喜
11月場所	朝青龍明徳（14 勝 1 敗①）	(敢)隆乃若、貴ノ浪、岩木山
年間最多勝＝朝青龍明徳（66 勝 24 敗）		

2002 年本場所

＊丸数字は優勝回数。(殊)＝殊勲賞、(敢)＝敢闘賞、(技)＝技能賞。

いことが多い中、珍しいことと言える。

夏場所は**武蔵丸**が十三勝二敗で優勝した。関脇・朝青龍は十一勝をあげ、大関候補の期待がかかった。

曙に比べると、武蔵丸にはトボけた味わいがある。車谷長吉《くるまたにちょうきつ》に「武蔵丸」という短篇小説があり、川端康成文学賞をとっているが、これは飼っているカブトムシの名前である。

六月、荒汐親方（元・大豊）が時津風部屋から分家独立して荒汐部屋を創設した。

名古屋場所は、**千代大海**が十四勝で優勝、武双山は全休、魁皇と栃東は途中休場したが、栃東は公傷扱いになる。朝青龍は十二勝をあげて、大関に昇進（三場所で三十三勝）、これで五大関になった。

八月に時津風・前理事長が定年になった。時津風部屋は、湊親方の元小結・豊山が合併の形で戻って継ぐのが筋だと思っていたら、部屋つきの錦島親方（双津竜）が継いだ。

朝青龍

秋場所は久しぶりに貴乃花が帰ってきた。すでに長い休場のため横綱審議委員会では引退勧告を出すという話もあった。貴乃花は十五日とって十二勝三敗とまずまずの成績、優勝は**武蔵丸**の十三勝だった。この場所、人気力士の元関脇・寺尾が引退して錣山に、関脇・貴闘力が引退して大嶽、湊富士が引退して立田川親方になった。

貴闘力は大鵬親方の娘と結婚しており、大鵬の定年後は部屋を引き継ぐことになっていた。

しかし九州場所は膝がまた悪化して貴乃花は休場の上、武蔵丸、千代大海、魁皇が途中休場と上位陣が崩れ、**朝青龍**が十四勝で初優勝を遂げた。場所中、三保ヶ関部屋の肥後ノ海が引退、木瀬（木村瀬平）を襲名した。木瀬部屋は二〇〇〇年まで元幕内の清ノ盛が経営し、青葉山を育てたが、九七年に青葉山（浅香山）が死去したこともあり、後継者がなく閉鎖されていた。のち肥後ノ海が再興する。

この年、私は遠距離別居婚に疲れて、離婚することにした。その後のごたくさは措いておくとして、秋にサントリー学芸賞を貰えたのは、これが今日までもらえたたった一つの賞でもあるし、ありがたいことであった。私は三鷹から井の頭線沿線の永福町に、二間に台所のこぢんまりした住まいを見つけて引っ越した。

†二〇〇三年――「ヒール」朝青龍の横綱昇進

二〇〇三年一月八日、朝青龍がモンゴル人の女性と結婚したことを明らかにした。翌年披露宴をあげたが、二〇〇九年に離婚している。

初場所は、武蔵丸、千代大海、魁皇が休場する中、貴乃花は出た。だが初日は若の里にかろうじて勝ち、二日目は雅山で、物言いがつき同体とり直しで、これも勝ったが負傷し、

東			西		
横綱	●武蔵丸	武蔵川 31	横綱	○朝青龍	高砂 22
大関	●武双山	武蔵川 31	大関	●栃　東	玉ノ井 26
大関	◎千代大海	九重 26	大関	○魁　皇	友綱 30
関脇	●隆乃若	鳴戸 27	関脇	●琴光喜	佐渡嶽 26
関脇	○若の里	鳴戸 26			
小結	○出　島	武蔵川 29	小結	○土佐ノ海	伊勢海 31
前頭 1	●貴ノ浪	二子山 31	前頭 1	○旭天鵬	大島 28
前頭 2	○栃乃洋	春日野 29	前頭 2	○高見盛	東関 26
前頭 3	●霜　鳥	時津風 25	前頭 3	●琴ノ若	佐渡嶽 34
前頭 4	●和歌乃山	武蔵川 30	前頭 4	○玉乃島	片男波 25
前頭 5	●琴　龍	佐渡嶽 31	前頭 5	○海　鵬	八角 29
前頭 6	●岩木山	境川 27	前頭 6	●闘　牙	高砂 28
前頭 7	○春日王	春日山 25	前頭 7	○旭鷲山	大島 30
前頭 8	○時津海	時津風 29	前頭 8	●隆の鶴	鳴戸 26
前頭 9	○安美錦	安治川 24	前頭 9	○雅　山	武蔵川 25
前頭 10	●朝赤龍	高砂 21	前頭 10	●武雄山	武蔵川 28
前頭 11	○北勝力	八角 25	前頭 11	○玉力道	片男波 28
前頭 12	●金開山	出羽海 27	前頭 12	●安芸乃島	二子山 36
前頭 13	●春日錦	春日野 27	前頭 13	●豪　風	尾車 23
前頭 14	○五城楼	間垣 29	前頭 14	○十文字	陸奥 26
前頭 15	●栃乃花	春日野 30			

2003年3月場所番付（朝青龍横綱昇進時）
＊◎＝優勝、○＝勝ち越し、●＝負け越し、数字は年齢

二日休んで、横綱としては異例なことに再出場した。だが二勝のあと二敗し、ついに引退を表明した。三十歳になっていた。協会からは一代年寄・貴乃花を贈られた。

「ヒール」（悪役）というのは、プロレスの用語である。これが相撲にも転用されて、朝青龍が「ヒール」だなどと言われるようになるのが、今世紀に入ってからだろう。曙もそう言われていたともいうが、むしろ九〇年代には、福田和也が「右翼」を名乗る文藝評論家として、ふざけ半分に「ヒール」を自称していたと記憶する。

旭鷲山

大関・栃東は初日から五連敗して休場し、上位陣では朝青龍と武双山だけが残った。そして**朝青龍**が十四勝での優勝を決めた。二連覇で朝青龍はあっさり横綱に昇進した。しかし横綱審議委員の内館牧子は、朝青龍に品格が欠けるとして反対意見を述べ、以後もその引退に至るまで、朝青龍の天敵であり続けた。

春場所は武蔵丸と栃東が休場したが、**千代大海**が十二勝で優勝した。場所中、元小結・大善《だいぜん》が引退し、富士ヶ根を襲名した。また三月には春日野親方（栃ノ海）が定年を迎え、栃乃和歌が春日野を継いで部屋を継承した。

夏場所は武蔵丸が休場し、**朝青龍**が優勝する。だが、九日目の相撲で朝青龍はモンゴル力士の旭鷲山に逆転負けし、のちの白鵬のように、物言いがつくのを期待するしぐさを見せ、旭鷲山との間に確執があると伝えられた。場所後、元関脇・安芸乃島が引退し、藤島を襲名した。

七月には、歌舞伎俳優の澤村田之助が、横綱審議委員を委嘱された。

名古屋場所では、五日目に朝青龍—旭鷲山戦があり、朝青龍が旭鷲山の髷を摑んだというので反則負けになった。そのあと二人は風呂場で激しい口論になり、魁皇が間に入って止めたが、朝青龍は旭鷲山の車のサイドミラーを壊したという。

場所	幕内最高優勝	三賞
1月場所	朝青龍明徳（14 勝 1 敗②）	(敢)若の里、(技)春日王
3月場所	千代大海龍二（12 勝 3 敗③）	(敢)旭天鵬、(技)高見盛
5月場所	朝青龍明徳（13 勝 2 敗③）	(殊)旭鷲山、(敢)旭天鵬、(技)安美錦
7月場所	魁皇博之（12 勝 3 敗④）	(殊)高見盛、(技)時津海
9月場所	朝青龍明徳（13 勝 2 敗④）	(殊)若の里、(敢)高見盛、旭天鵬、(技)岩木山
11月場所	栃東大裕（13 勝 2 敗②）	(殊)栃乃洋、土佐ノ海、(敢)玉乃島
年間最多勝＝朝青龍明徳（67 勝 23 敗）		

2003 年本場所

＊丸数字は優勝回数。(殊)＝殊勲賞、(敢)＝敢闘賞、(技)＝技能賞。

場所のほうは、朝青龍、武蔵丸ともに途中休場し、**魁皇**が十二勝三敗で優勝した。

秋場所、武蔵丸は全休し、期待された魁皇は七勝八敗と負け越して、またも**朝青龍**が十三勝での優勝である。

九州場所、武蔵丸は出場したが、七日目までに四敗し、三十二歳でついに引退し、準年寄・武蔵丸を名乗った。優勝は**栃東**の十三勝で、朝青龍は十二勝に終わった。時津風部屋の蒼樹山が引退し、年寄・枝川を襲名した。戦闘竜は廃業した。なお北の湖理事長は、この場所限りで公傷制度を廃止した。

十二月に、木村瀬平親方（元・肥後ノ海）が三保ヶ関部屋から独立して、木瀬部屋を再興した。

第三章

暴れん坊・朝青龍とモンゴル力士たち

十二〇〇四年――朝青龍の一人横綱

二〇〇四年初場所は、一人横綱となった**朝青龍**が全勝優勝を飾る。十両から陥落することになった元小結の小城錦《おぎにしき》が引退し、中立を襲名した。これは小城乃花の弟で、父は元関脇・小城ノ花である。

場所後の理事選は久しぶりに無投票になり、佐渡ヶ嶽が退任した。

理事長・北の湖、理事・二子山、間垣、押尾川（新、大麒麟）、出羽海、武蔵川、大島、若藤、伊勢ノ海、高砂（朝潮）

二月には韓国公演があり、釜山とソウルで開催された。

二月二十九日、元横綱の鏡里が八十歳で死去した。短命の多い力士としては長命を保ったほうである。

春場所も、**朝青龍**の全勝優勝である。相撲ファンとしては、千代大海、武双山、栃東、魁皇の四大関のどれかに横綱に上がってほしいところだが、それは実現しなかった。栃東は途中休場し、公傷制度はなくなったから角番である。

元大関・貴ノ花の二子山親方は、前年から体調が悪かったが、口腔底がんで、この六月、部屋を次男の貴乃花親方に譲り、二子山部屋は貴乃花部屋になった。

夏場所も、**朝青龍**が十三勝の優勝、宮城野部屋の十九歳の白鵬が新入幕で十二勝三敗の準優勝をしている。栃東は休場し、大関から陥落する。元大関・貴ノ浪は前頭十三枚目にいたが、初日から二連敗し、三十二歳で引退、音羽山親方を襲名した。また三保ヶ関部屋の元小結・濱ノ嶋が引退、尾上親方となり、間垣部屋の若ノ城《じょう》も引退し、準年寄をへて西岩親方になったが、のち退職した。

この五月から翌年七月まで『週刊現代』に貴乃花を誹謗する記事が十三回にわたって掲載された。著者はジャーナリストの武田頼政で、貴乃花夫妻が、父親の二子山親方に無断で二子山部屋の土地建物の権利証を持ち出し、財産を奪い取ろうとしたと報じ、貴乃花が、一九九五年九州場所で兄の若乃花と八百長相撲をしたなどと報じた。

六月には、中国公演があり、北京と上海で相撲をとった。この時、本気でとっていないという声があった。力士が、初場所後の「大相撲トーナメント」や、巡業では本気でとらないのは相撲好きには常識である。特にテレビ中継がない巡業では無気力相撲になりがちで、本場所以外でケガをしないためである。それでも本場所に八百長があるのだから、いかに本気らしく見える演技をしているかということだ。

名古屋場所も、**朝青龍**が十三勝で優勝、白鵬は前頭八枚目で十一勝をあげた。関脇へ落ちた栃東は十勝をあげて大関復帰。

この場所中日八日目の結びの一番は、朝青龍と琴ノ若で、琴ノ若は幕内最年長の三十六歳である。朝青龍が両差しになるが、琴ノ若が左から上手投げを打ち、行司軍配は琴ノ若に上がった。ところが物言いがつき、裏返しになった朝青龍は体を浮かせたままで、琴ノ若が左手を先についた、ということで、同体取り直しとなって朝青龍が勝った。

これは有名な「つき手・かばい手」問題で、一九七二年初場所、横綱・北の富士と関脇・貴ノ花の一戦で、北の富士の浴びせ倒しに対して貴ノ花がブリッジでこらえる間に、北の富士が右手を土俵についていた。行司軍配は貴ノ花に上がったが、物言いがつき、協議の結果、北の富士の手は、倒れた貴ノ花の上に巨体の北の富士がそのまま落ちたらケガをするだろうという意味での「かばい手」とされて、行司差し違えで北の富士の勝ちとなった。しかし琴ノ若の場合は、かばい手と見なされなかったわけである。また、貴ノ花や朝青龍が「死に体」つまりそこから自力で立ち上がることができず、すでに負けていると見なすかどうかも問題になる。

この場所で、元十両・北の湖部屋の金親《かねちか》が引退して宮城野親方になっている。宮城野部屋は立浪・伊勢ヶ濱連合に属し、北の湖は出羽海一門だから系列も違うし、元十両である。

場所	幕内最高優勝	三賞
1月場所	朝青龍明徳（15戦全勝⑤）	㊉琴光喜、㊃垣添
3月場所	朝青龍明徳（15戦全勝⑥）	㊮朝赤龍、㊉琴ノ若、㊃朝赤龍
5月場所	朝青龍明徳（13勝2敗⑦）	㊮北勝力、㊉北勝力、白鵬、㊃玉乃島
7月場所	朝青龍明徳（13勝2敗⑧）	㊉豊桜
9月場所	魁皇博之（13勝2敗⑤）	㊮栃乃洋、㊉琴ノ若、露鵬
11月場所	朝青龍明徳（13勝2敗⑨）	㊮白鵬、㊉琴欧州、㊃若の里
年間最多勝＝朝青龍明徳（78勝12敗）		

2004年本場所

＊丸数字は優勝回数。㊮＝殊勲賞、㊉＝敢闘賞、㊃＝技能賞。

しかも宮城野は同部屋出身の竹葉山がすでに継いでいる。これは金親が、前宮城野の女婿になったからである。

これは史上最多の親方株玉突き引退になった。宮城野だった元・竹葉山は熊ヶ谷となって部屋つきになるが、熊ヶ谷は旭里が借株していたので旭里は中川に変わり、中川は蔵玉錦が借株していたので白玉に変わり、白玉は前年まで琴椿が借株していたのを山分《やまわき》に変えたため空き株になっており、山分が空いたのは名乗っていた栃富士が死んだからである、という具合である。

秋場所では、**魁皇**が十三勝二敗で優勝を決めた。一方、栃東と武双山は途中休場し、角番となる。前頭三枚目まで上がった白鵬は八勝七敗である。

場所後、千賀《ちが》ノ浦親方（元・舛田山）が春日野部屋から独立して千賀ノ浦部屋を興した。

九州場所はまた**朝青龍**が十三勝で優勝、武双山は初日から三連敗し、三十二歳で引退して、藤島を名乗った。栃東は途中休場して大関陥落、千代大海は七勝八敗と負け越して角番になった。前頭筆頭まで来た白鵬は十二勝の準優勝である。伊勢ノ海部屋の大碇《おおいかり》が引退し、準年寄をへて甲山親方となった。

このころ、千代田区で路上喫煙に課金するという条例ができたり、健康増進法ができたりして、煙草がだんだん喫えなくなり、私は怒ってあちこちで喧嘩していた。非常勤をしていた私大でも、講師室が禁煙になったから、外のテラスで喫っていたら、そこも禁煙という張り紙を見て、怒ってやめてしまった。

†二〇〇五年――全場所で朝青龍優勝

二〇〇五年初場所は、一横綱二大関まで上位が減っている。またしても**朝青龍**が十五戦全勝で優勝、魁皇は途中休場して角番、千代大海は八勝七敗、関脇へ落ちた栃東は十一勝をあげて大関復帰。小結の白鵬も十一勝で準優勝である。

場所後の一月三十日、貴ノ浪の断髪式が国技館で開かれ、二子山親方は入院先の病院から駆け付けたが明らかに体調不良の顔色で、途中で倒れそうになるなどした。

春場所も**朝青龍**が十四勝で優勝、千代大海は六勝九敗と負け越して角番。高砂部屋の朝乃若が引退して若松親方になった。夏場所も**朝青龍**が十五戦全勝で優勝、魁皇は途中休場するが、小結の琴光喜が十三勝をあげた。

場所	幕内最高優勝	三賞
1月場所	朝青龍明徳（15戦全勝⑩）	㊕白鵬
3月場所	朝青龍明徳（14勝1敗⑪）	㊙玉乃島、㊕海鵬、安馬
5月場所	朝青龍明徳（15戦全勝⑫）	㊙旭鷲山、普天王、㊕琴光喜
7月場所	朝青龍明徳（13勝2敗⑬）	㊛琴欧州、㊙黒海、㊕普天王
9月場所	朝青龍明徳（13勝2敗⑭）	㊙琴欧州、稀勢の里
11月場所	朝青龍明徳（14勝1敗⑮）	㊛琴欧州、㊙琴欧州、雅山、栃乃花、㊕時天空
年間最多勝＝朝青龍明徳（84勝6敗）		

2005年本場所

＊丸数字は優勝回数。㊛＝殊勲賞、㊙＝敢闘賞、㊕＝技能賞。

五月二十九日に、大鵬親方が定年を迎えて退職、大鵬部屋は婿養子の貴闘力が大嶽部屋として継承した。翌三十日、闘病中だった元・貴ノ花の二子山親方が五十五歳で死去した。

この年、魁皇の星の乱高下が激しく、初場所は途中休場で角番、春場所は十勝して角番脱出、夏場所も途中休場で角番、名古屋場所は十勝して角番脱出、秋場所は三連敗して休場、九州場所では十勝して角番脱出、二〇〇六年初場所は途中休場、春場所は八勝で勝ち越し、となっている。

名古屋場所も**朝青龍**が十三勝で優勝した。

八月八日、参議院本会議で小泉総理の郵政民営化が否決され、小泉は衆議院を解散して総選挙に臨み、改革を訴えて圧勝、郵政民営化を実現した。

秋場所は朝青龍と関脇の琴欧州（のち琴欧洲）が十三勝で並んで優勝決定戦となり、**朝青龍**が勝って優勝を決めた。武蔵川部屋の元小結・和歌乃山が引退し、山分親方を襲名した。

十月にはラスベガス公演があった。

琴欧洲

九州場所も**朝青龍**が琴欧州に敗れた一敗だけで優勝し、十一勝をあげた琴欧州が大関に昇進した（三場所で三十六勝）。その十三日目に、佐渡ヶ嶽親方が定年を迎えた。女婿の琴ノ若はその日に引退して、佐渡ヶ嶽を継いだ。また、元幕内の間垣部屋の五城楼《ごじょうろう》が引退し、準年寄をへて浜風親方に、栃司の入間川部屋の燁司《ようつかさ》が引退、準年寄をへて二十山親方になった。なお「五城楼」というしこ名は妓楼のようだ、とうちの母が言っていたが、確かにそうで、ほかに「楼」のつくしこ名は「摩天楼」がある。これは二〇〇三年に引退した二子山部屋の力士で最高位は幕下、日本人だがニューヨーク出身であるためこのしこ名がついたので、妓楼感はない。場所後、木村庄之助が定年を迎え、伊之助が三十二代庄之助を襲名、貴ノ花部屋の木村光之助（元・木村光彦）は定年間近だったが、翌初場所の一場所だけ、三十四代式守伊之助を務めた。

この十二月に封切られた、アメリカ作家アーサー・ゴールデンが藝者の半生を描いた『さゆり』を原作とする映画（邦題は「SAYURI」、原題と映画の題はともに「藝者の追憶」）の戦前の相撲の場面で、舞の海と元前頭・出羽嵐が相撲をとり、「宮城山」と呼ばれる舞の海が勝つ場面を演じている。出羽嵐は二〇一〇年、三十九歳で死去した。

東			西		
横綱	○朝青龍	高砂 25			
大関	●千代大海	九重 29	大関	●魁　皇	友綱 33
大関	◎栃　東	玉ノ井 29	大関	○琴欧州	佐渡嶽 22
関脇	○琴光喜	佐渡嶽 29	関脇	○白　鵬	宮城野 20
小結	●旭天鵬	大島 31	小結	●玉乃島	片男波 28
前頭 1	○雅　山	武蔵川 28	前頭 1	●時天空	時津風 26
前頭 2	○露　鵬	大嶽 25	前頭 2	○黒　海	追手風 24
前頭 3	●豪　風	尾車 26	前頭 3	●栃乃花	春日野 32
前頭 4	●白露山	二十山 23	前頭 4	●朝赤龍	高砂 24
前頭 5	○岩木山	境川 29	前頭 5	●春日錦	春日野 30
前頭 6	○安　馬	安治川 21	前頭 6	○出　島	武蔵川 31
前頭 7	○安美錦	安治川 27	前頭 7	○垣　添	武蔵川 27
前頭 8	●十文字	陸奥 29	前頭 8	○普天王	出羽海 25
前頭 9	○稀勢の里	鳴戸 19	前頭 9	●豊ノ島	時津風 22
前頭 10	●高見盛	東関 29	前頭 10	○琴奨菊	佐渡嶽 22
前頭 11	○北勝力	八角 28	前頭 11	●旭鷲山	大島 32
前頭 12	○春日王	春日山 28	前頭 12	●豊　桜	陸奥 31
前頭 13	●栃　栄	春日野 31	前頭 13	●嘉　風	尾車 23
前頭 14	●土佐ノ海	伊勢海 33	前頭 14	○時津海	時津風 32
前頭 15	●駿　傑	放駒 29	前頭 15	●若兎馬	尾車 28
前頭 16	○若の里	鳴戸 29	前頭 16	●片　山	阿武松 26
前頭 17	○北　桜	北の湖 34			

2006年1月場所番付（琴欧州大関昇進時）
＊◎＝優勝、○＝勝ち越し、●＝負け越し、数字は年齢

二〇〇六年――白鵬初優勝

　二〇〇六年初場所は、朝青龍が、白鵬、安馬《あま》、黒海《こっかい》らに土をつけられて四敗し、**栃東**が十四勝で優勝したが、千代大海と魁皇は途中休場した。これは外国人力士同士のつぶしあいで栃東が漁夫の利でも得たように見える。この場所の幕内外国人は、朝青龍、琴欧州（ブルガリア）、安馬（モンゴル）、黒海（グルジア）、露鵬（ロシヤ）、時天空（蒙）、白露山（ロシヤ）、旭鷲山、春日王（韓国）の九人にのぼる。

　この場所初日、元関脇の追風海《はやてうみ》が引退したが、協会には残らず、

東			西		
横綱	●朝青龍	高砂 25			
大関	●栃　東	玉ノ井 29	大関	○琴欧州	佐渡嶽 23
大関	○千代大海	九重 30	大関	○魁　皇	友綱 33
			大関	◎白　鵬	宮城野 21
関脇	○琴光喜	佐渡嶽 30	関脇	○雅　山	武蔵川 28
小結	●旭天鵬	大島 31	小結	●安　馬	安治川 22
前頭1	○稀勢の里	鳴戸 19	前頭1	●垣　添	武蔵川 27
前頭2	○朝赤龍	高砂 24	前頭2	●若の里	鳴戸 29
前頭3	○琴奨菊	佐渡嶽 22	前頭3	●安美錦	安治川 27
前頭4	●時天空	時津風 26	前頭4	●豪　風	尾車 26
前頭5	○旭鷲山	大島 33	前頭5	○露　鵬	大嶽 26
前頭6	●玉乃島	片男波 28	前頭6	○黒　海	追手風 25
前頭7	○普天王	出羽海 25	前頭7	○出　島	武蔵川 32
前頭8	●春日王	春日山 28	前頭8	○白露山	二十山 24
前頭9	●岩木山	境川 30	前頭9	●栃乃洋	春日野 32
前頭10	●玉春日	片男波 34	前頭10	●栃乃花	春日野 33
前頭11	●豊真将	錣山 25	前頭11	○把瑠都	三保関 21
前頭12	○高見盛	東関 30	前頭12	○土佐ノ海	伊勢海 34
前頭13	○豊ノ島	時津風 22	前頭13	○北勝力	八角 28
前頭14	●片　山	阿武松 26	前頭14	○嘉　風	尾車 24
前頭15	●武雄山	武蔵川 31	前頭15	●北　桜	北の湖 34
前頭16	●時津海	時津風 32	前頭16	○十文字	陸奥 29

2006年5月場所番付（白鵬大関昇進時）

＊◎＝優勝、○＝勝ち越し、●＝負け越し、数字は年齢

のち自民党から青森県議に立候補し、現在三期目を務めている。

この場所限りで三十二代木村庄之助、三十四代式守伊之助が引退し、高砂部屋の木村朝之助が三十五代式守伊之助を襲名して立行司になった。

場所後、音羽山親方（貴ノ浪）が体調を崩し、心房細動・敗血症・肺炎を併発して緊急入院し、一時は心停止に陥ったが、命はとりとめた。

協会の役員改選で武蔵川がナンバーツーの事業部長になった。

理事長・北の湖、理事・武蔵

川、放駒（新、魁傑）、大島、高砂、伊勢ノ海、間垣、秀ノ山（新、関脇長谷川）、出羽海、友綱（新、魁輝）、監事・三保ヶ関、湊、不知火（青葉城）

春場所は、朝青龍と白鵬が全勝で来たが朝青龍は十一日目に関脇・白鵬に敗れ、白鵬は翌日、栃東に敗れ、千秋楽、白鵬は魁皇に、朝青龍は栃東に敗れ、十三勝の同点となり、優勝決定戦で**朝青龍**が勝って優勝、白鵬は大関昇進を決めた（三場所で三十三勝）。

夏場所で、式守伊之助は三十三代木村庄之助を襲名、伊勢ノ海部屋の式守与太夫が、六十三歳で三十六代式守伊之助になった。

朝青龍が三日目から休場、栃東が七日目から休場する中、新大関・白鵬と関脇・雅山が一敗のまま千秋楽も勝ち、十四勝同士での優勝決定戦となり、**白鵬**が勝って初優勝を決めた。二十一歳である。なお雅山はこの後も関脇で好成績をあげ続け、大関復帰も期待されたが、ついにならなかった。

場所前に闘牙が引退し、のち佐ノ山親方となる。幕下で六敗した隆の鶴も引退し、準年寄をへて西岩、出羽海部屋の金開山《きんかいやま》も引退、準年寄をへて関ノ戸親方になった。闘牙と隆の鶴とい

白鵬

闘牙

場所	幕内最高優勝	三賞
1月場所	栃東大裕（14勝1敗③）	㊮白鵬、㊭北勝力、㊫時津海
3月場所	朝青龍明徳（13勝2敗⑯）	㊮白鵬、㊭旭鷲山、㊫白鵬、安馬
5月場所	白鵬翔（14勝1敗①）	㊮雅山、㊭朝赤龍、把瑠都、㊫雅山
7月場所	朝青龍明徳（14勝1敗⑰）	㊭玉乃島、㊫玉春日
9月場所	朝青龍明徳（13勝2敗⑱）	㊮稀勢の里、㊭安馬、㊫安美錦
11月場所	朝青龍明徳（15戦全勝⑲）	㊭豊真将、㊫琴奨菊、豊真将
年間最多勝＝朝青龍明徳（67勝11敗12休）		

2006年本場所

＊丸数字は優勝回数。㊮＝殊勲賞、㊭＝敢闘賞、㊫＝技能賞。

う似た二人が同時期に引退したのは妙におかしかった。金開山は在日韓国人だったがそれまでに帰化していた。

五月二十九日、元・井筒親方の鶴ヶ嶺が七十七歳で死去した。

六月二十三日、元・北天佑の二十山親方が、四十五歳で死去した。二十山部屋には白露山らの力士がいたが、部屋は閉じられ、力士は北天佑の兄弟子の北の湖の部屋へ移籍した。なおウィキペディアの北天佑の項には、リードに「端整なマスクから女性からの人気が高く、当時としては珍しく女性ファンから黄色い声援が上がっていた。」とあるのだが、あれは「端正なマスク」か、女性ファンが多かったか、あまり私にはそうは思われない。

名古屋場所は、**朝青龍**が、千秋楽で白鵬に敗れたが、十四勝で優勝、白鵬は十三勝の準優勝だから、双羽黒以前の基準なら横綱だが、見送られる。エストニア出身、把瑠都《ばると》が前頭四枚目まで上がってきている。当時は三保ヶ関部屋だった。

八月は台湾巡業があり、陳水扁総統の歓迎を受け、三日間とった。

八月、三保ヶ関部屋つきの尾上《おのえ》親方（元・濱ノ嶋）が独立して尾上部屋を興した。把瑠都もついて出た。尾上家は元は行司の家だったようだが、歌舞伎にもある尾上家との関係は定かではない。

秋場所は**朝青龍**が十三勝で優勝、白鵬は八勝七敗だった。小結に鳴戸部屋の稀勢の里が上がってきていた。十両筆頭でモンゴルから来た井筒部屋の鶴竜が優勝し、新入幕する。

小泉総理は五年の在職をへて、官房長官として名をあげた安倍晋三を後継に指名し、九月二十六日、安倍内閣が誕生した。

十一月、東北大学の大学院で学んで修士号をとった内館牧子が、その成果として『女はなぜ土俵にあがれないのか』を幻冬舎新書から刊行した。女人禁制の正当化のためで、相撲は神事だから、という趣旨だが、それでは相撲協会は宗教法人になってしまい、政教分離で内閣総理大臣杯などがもらえなくなるから、協会としては余計なことだったろう。

九州場所は、小結が四人の番付となり、稀勢の里、黒海、安美錦、露鵬が並んだ。しかし白鵬は休場し、**朝青龍**が全勝優勝した。旭鷲山は病気のため二日目に引退し、日本国籍がないこともあって帰国、モンゴルで政治家になった。松ヶ根部屋の春ノ山も引退し、準年寄をへて竹縄となるが、のち退職した。

場所中に元・清国の伊勢ヶ濱が定年を迎え、若藤を後継とした。だが若藤親方もあと二か月で定年だったため、翌年一月場所後、部屋は閉鎖された。本来なら桐山（元・黒瀬川）が継ぐのが筋だが、桐山と清国は不仲だったらしい。八五年の日航機事故で妻と子を失った清国はその後再婚して子供もできており、前からの弟子には微妙な感情があったようだ。

この年、私は初めての小説を発表したが、秋になって、母が肺がんと診断され、大きなショックを受け、以後翌年まで母の通院に付き添ったりすることになる。

†二〇〇七年――時津風部屋暴行死事件

二〇〇七年、初場所は**朝青龍**が十四勝で優勝するが、栃東は五勝十敗と負け越し、角番になってしまう。

だがその一月、『週刊現代』は「朝青龍の八百長を告発する」という記事を載せた。二月八日、相撲協会は『週刊現代』とライターの武田頼政に対して民事訴訟を起こした。

二月に、白鵬は学習院大学四年生で徳島県出身の和田紗代子と結婚式を挙げたが、発表は事後の三月だった。二人とも二十二歳で、和田は妊娠していた。

春場所は朝青龍が初日から二連敗するが、その後は連勝する。白鵬は初日に負け、そこから連勝を続けるが、十四日目に朝青龍に敗れ、両者十三勝での優勝決定戦となり、**白鵬**が勝って二回目の優勝を決めた。角番の栃東は八勝をあげたあと休場、魁皇、琴欧洲も八勝、千代大海は七勝八敗で角番と、大関陣は散々な成績である。

これで木村庄之助は定年となり、伊之助が三十四代庄之助を襲名、立浪部屋の木村城之介が三十七代伊之助を襲名した。

栃東は脳梗塞の疑いがあり、夏場所前に引退を発表し、準年寄をへて、二〇〇九年、父である玉ノ井親方（元先代栃東）の定年により玉ノ井親方となった。

夏場所は**白鵬**が全勝、千秋楽に朝青龍も破って連覇し、横綱昇進を決めた。一方『週刊現代』は、宮城野親方（金親）が白鵬が朝青龍から星を買ったと言っている音声を入手したと発表、同誌ウェブサイトで一部を発表した。だが宮城野は否定、相撲協会は『週刊現代』を今度は刑事告訴した。告訴は七月九日だったが、それより先の六月二十六日、名古屋場所前で、愛知県犬山市で、時津風部屋の新弟子、序の口の時太山《ときたいざん》、当時十七歳が、兄弟子らと師匠のリンチを受けて死亡するという事件が起きた。

はじめは、稽古中の急死として親方が遺族に謝罪していたが、遺族が郷里の新潟で遺体を解剖させたところ、暴行が分かり、週刊誌などが報道、親方は八月中に新潟を訪れ「ビール瓶で殴った」ことを認めて謝罪、九月末には愛知県警が刑事事件として立件することになった。

六月にはハワイ巡業があった。

東			西		
横綱	◎朝青龍	高砂 26	横綱	○白　鵬	宮城野 22
大関	○魁　皇	友綱 35	大関	○千代大海	九重 31
大関	○琴欧洲	佐渡嶽 24			
関脇	○琴光喜	佐渡嶽 31	関脇	●安　馬	安治川 23
小結	●時天空	時津風 27	小結	○安美錦	安治川 28
前頭 1	●琴奨菊	佐渡嶽 23	前頭 1	○朝赤龍	高砂 25
前頭 2	●出　島	武蔵川 33	前頭 2	●若の里	鳴戸 31
前頭 3	●豪　風	尾車 28	前頭 3	●露　鵬	大嶽 27
前頭 4	●高見盛	東関 31	前頭 4	●豊ノ島	時津風 24
前頭 5	●雅　山	武蔵川 30	前頭 5	●玉乃島	片男波 29
前頭 6	○豊真将	錣山 26	前頭 6	○稀勢の里	鳴戸 21
前頭 7	●栃煌山	春日野 20	前頭 7	●普天王	出羽海 26
前頭 8	○鶴　竜	井筒 21	前頭 8	●龍　皇	宮城野 24
前頭 9	○栃乃洋	春日野 33	前頭 9	●黒　海	追手風 26
前頭 10	●春日王	春日山 30	前頭 10	○北勝力	八角 29
前頭 11	○時津海	時津風 33	前頭 11	●北　桜	北の湖 35
前頭 12	●白露山	北の湖 25	前頭 12	●里　山	尾上 26
前頭 13	●嘉　風	尾車 25	前頭 13	○土佐ノ海	伊勢海 35
前頭 14	●把瑠都	尾上 22	前頭 14	○豊　響	境川 22
前頭 15	○海　鵬	八角 34	前頭 15	○玉春日	片男波 35
前頭 16	●垣　添	武蔵川 28	前頭 16	●寶智山	境川 25
前頭 17	●皇　司	入間川 36			

2007 年 7 月場所番付（白鵬横綱昇進時）

＊◎＝優勝、○＝勝ち越し、●＝負け越し、数字は年齢

二横綱となった名古屋場所は、**朝青龍**が十四勝で優勝した。場所の二日目、一ノ矢と舛名《ますめ》大《だい》の対戦が実現した。舛名大は名古屋大学工学部卒で、二人目の国立大学卒業の大相撲力士で、しこ名が示す通り舛田山の千賀ノ浦部屋所属である。

だが場所後の七月二十五日、朝青龍はケガの診断書を提出して、夏巡業への不参加を表明したが、同日、朝青龍がモンゴルで中田英寿らとサッカーをしている映像が報じられた。巡業部は帰国後の巡業参加を拒否することにし、八月一日には朝青龍に対して、二場所

東			西		
横綱	●朝青龍	高砂 27	横綱	◎白　鵬	宮城野 22
大関	○千代大海	九重 31	大関	○琴欧洲	佐渡嶽 24
大関	●魁　皇	友綱 35	大関	○琴光喜	佐渡嶽 31
関脇	○安美錦	安治川 28	関脇	○朝赤龍	高砂 26
小結	●稀勢の里	鳴戸 21	小結	○安　馬	安治川 23
前頭 1	●時天空	時津風 28	前頭 1	○豊真将	錣山 26
前頭 2	●栃乃洋	春日野 33	前頭 2	●鶴　竜	井筒 22
前頭 3	●北勝力	八角 29	前頭 3	○琴奨菊	佐渡嶽 23
前頭 4	○出　島	武蔵川 33	前頭 4	●若の里	鳴戸 31
前頭 5	○豊ノ島	時津風 24	前頭 5	○雅　山	武蔵川 30
前頭 6	●豊　響	境川 22	前頭 6	●海　鵬	八角 34
前頭 7	○玉乃島	片男波 30	前頭 7	●時津海	時津風 33
前頭 8	○豪　風	尾車 28	前頭 8	●土佐ノ海	伊勢海 35
前頭 9	●露　鵬	大嶽 27	前頭 9	○高見盛	東関 31
前頭 10	●岩木山	境川 31	前頭 10	○春日王	春日山 30
前頭 11	○玉春日	片男波 35	前頭 11	○普天王	出羽海 27
前頭 12	●黒　海	追手風 26	前頭 12	○旭天鵬	大島 33
前頭 13	●龍　皇	宮城野 24	前頭 13	●栃煌山	春日野 20
前頭 14	●北　桜	北の湖 35	前頭 14	○豪栄道	境川 21
前頭 15	○白露山	北の湖 25	前頭 15	○嘉　風	尾車 25
前頭 16	●春日錦	春日野 32	前頭 16	○垣　添	武蔵川 29

2007年9月場所番付（琴光喜大関昇進時）

＊◎＝優勝、○＝勝ち越し、●＝負け越し、数字は年齢

出場停止、減俸三〇%四か月、九州場所千秋楽までの謹慎の処分を決めた。これは引退勧告ともいえる。

九月、横綱審議委員会の本場所総見後、海老沢勝二委員長は朝青龍について、「いろいろな意見はあるが、横審としては見守るということ」と語ったが、内館牧子委員は「引退声明を出し、潔く花道を作ってほしい」と述べた。

朝青龍不在の秋場所では、**白鵬**が十三勝で優勝した。押尾川部屋からデビューし、同部屋の閉鎖で尾車部屋所属になっていた若兎馬《わかとば》が引退し、押尾川を襲名した。また元関脇の隆乃若が廃業した。

場所	幕内最高優勝	三賞
1月場所	朝青龍明徳（14勝1敗⑳）	(敢)豊ノ島、(技)豊ノ島
3月場所	白鵬翔（13勝2敗②）	(敢)栃煌山、(技)豊真将
5月場所	白鵬翔（15戦全勝③）	(殊)安美錦、(敢)出島、(技)朝赤龍
7月場所	朝青龍明徳（14勝1敗㉑）	(殊)安美錦、(敢)琴光喜、豊響、(技)琴光喜
9月場所	白鵬翔（13勝2敗④）	(殊)安馬、豊ノ島、(敢)旭天鵬、豪栄道
11月場所	白鵬翔（12勝3敗⑤）	(殊)安馬、(敢)把瑠都、(技)琴奨菊
年間最多勝＝白鵬翔（74勝16敗）		

2007年本場所

＊丸数字は優勝回数。(殊)＝殊勲賞、(敢)＝敢闘賞、(技)＝技能賞。

私は四月に若い女性と再婚し、今の住所に住むようになった。七月に母を、そこからほど近いホスピスに入れて、たびたび見舞いに行っていた。

安倍晋三は潰瘍性大腸炎になって退陣し、九月二十六日、福田康夫が内閣首班になった。

十月、警察の取り調べを受けていた双津竜の時津風は、相撲協会から解雇された。部屋は、現役だった三十三歳の時津海が急遽引退し、時津風を継ぐことになった。

九州場所は、**白鵬**が十二勝三敗で優勝した。前頭十六枚目の幕尻にいた把瑠都が十一勝をあげた。武蔵川部屋の武雄山《ぶゆうざん》が引退し、大鳴戸を襲名、宮城野部屋の光法《こうぼう》が引退して安治川を襲名した。この場所中、琉球大卒の一ノ矢は四十六歳で現役だったが、一〇〇一回目の土俵に上がり、場所後に引退することを発表した。最高位は三段目で、幕下にも上がれなかったが、同じ部屋で新弟子時代から一ノ矢の世話になった朝青龍は、一ノ矢を尊敬していたという。

十二月、母が死去した。

時津風部屋の暴行事件で、私は相撲を観るのをもうやめようかと思った。八百長よりひどかった。

だが、のちに元・時津風の著書として刊行された『悪者扱い』を読むと、新弟子に暴行を加えたのは兄弟子三人で、彼らが口裏を合わせて、師匠の指示だったと言ったため、元・双津竜は実刑を受け、三人は執行猶予がついた、ということが分かる。相撲協会も、双津竜一人に責めを負わせて処理をし、後を継いだ時津海からも双津竜は裏切られていた。

†二〇〇八年――ロシヤ人力士大麻所持事件

二〇〇八年、初場所は朝青龍が帰ってきた。白鵬と一敗のまま千秋楽まで並んでいたが、本割で**白鵬**が勝って優勝した。大関は千代大海が途中休場、ほかの三人も八勝か九勝と低迷していた。元小結の千代天山が廃業し、元小結の栃乃花が引退して二十山、栃栄が引退して竹縄を襲名した。

一月末の理事選では、高砂が理事を退任し、代わって九重（千代の富士）が理事に入り、貴乃花親方が役員待遇になった。

理事長　北の湖、理事・武蔵川、大島、伊勢ノ海、放駒、友綱、九重（新、千代の富士）、間垣、二所ノ関（新、金剛）、出羽海

しかし、この人事はあっさり発表されたが、高砂が理事を降りて九重が入ったというのは、北の湖が後継に高砂を考えていたという一説から考えると、高砂にとっては重大なことで、現役横綱の親方としては不遇であり、九重の記録に負けたという感じがある。

二月七日、前時津風が、愛知県警に傷害致死容疑で逮捕された。

春場所は、朝青龍と白鵬が二敗で千秋楽相星決戦となり、**朝青龍**が勝って久々の優勝を決めた。

四月には、元・武蔵丸の武蔵丸親方が、横浜市内でフラダンス教室を経営する榎本雅美と結婚し、八月二十三日にハワイで挙式した。

夏場所は朝青龍、白鵬がともに十一勝に終わり、十四勝をあげた**琴欧洲**が優勝した。この場所で、伊之助が三十五代木村庄之助を襲名した。井筒部屋の式守勘太夫が三十七代式守伊之助になった。

五月二十二日、白鵬の八百長に手を貸したと発言したとされる宮城野（金親）に、協会が事情聴取を行った。

場所	幕内最高優勝	三賞
1月場所	白鵬翔（14勝1敗⑥）	(殊)安馬、稀勢の里、(敢)豪風、(技)鶴竜
3月場所	朝青龍明徳（13勝2敗㉒）	(殊)琴奨菊、(敢)黒海、把瑠都、(技)栃煌山
5月場所	琴欧洲勝紀（14勝1敗①）	(殊)安美錦、(敢)稀勢の里、豊ノ島、(技)安馬
7月場所	白鵬翔（15戦全勝⑦）	(殊)豊ノ島、(敢)豊響、(技)安馬
9月場所	白鵬翔（14勝1敗⑧）	(殊)安馬、(敢)豪栄道
11月場所	白鵬翔（13勝2敗⑨）	(殊)安美錦、(敢)嘉風、(技)安馬
年間最多勝＝白鵬翔（79勝11敗）		

2008年本場所

＊丸数字は優勝回数。(殊)＝殊勲賞、(敢)＝敢闘賞、(技)＝技能賞。

六月にはロサンゼルス巡業があり、朝青龍が総合優勝した。

名古屋場所は朝青龍が途中休場する中、**白鵬**が十五戦全勝の優勝である。

だが八月十八日、間垣部屋の若ノ《わかの》鵬《ほう》というロシヤ出身の幕内力士が、大麻を所持していた現行犯で逮捕され、協会は直ちに解雇した。八月二十六日からモンゴル巡業があった。

九月二日、協会は十両以上の力士に抜き打ちで血液検査を行い、大鵬部屋の露《ろ》鵬《ほう》と、北の湖部屋の白露山の二人のロシヤ人力士が陽性であったため、解雇した。

この問題で責任をとって北の湖は理事長を辞任、武蔵川（元・三重ノ海）が理事長に就任した。

福田康夫内閣は退陣し、九月二十四日、麻生太郎の内閣が発足した。

秋場所も朝青龍が途中休場する中、**白鵬**が十四勝で優勝した。関脇にいる安馬が好成績をあげており、大関が期待された。安治川部屋所属のモンゴル力士である。千秋楽に、片男波部屋の元関脇・玉春日が引退し、楯山《たてやま》を襲名した。

場所後の九月二十九日、元・若ノ鵬が記者会見を開き、むりやり八百長をやらされた、という趣旨のことをロシヤ語で表明し、講談社側では証人として申請することにした。

十月三日、東京地裁で、協会と講談社の訴訟の口頭弁論があり、朝青龍が、八百長は一切ないと弁論、板井が、八百長があると弁論した。

だが、裁判はその後、奇妙なまでに相撲協会ペースで進んだ。講談社側が提出する証人申請は却下され、〇九年三月に協会側が勝訴したのである。

日馬富士

九州場所は朝青龍が休場し、白鵬と関脇の安馬がともに十三勝で、優勝決定戦、**白鵬**が勝って九回目の優勝を飾った。安馬は場所後、大関に昇進し（三場所で三十五勝）、しこ名を日馬富士と改めた。しかし、「日馬」で「はるま」と読ませるのは無理だろう。

†二〇〇九年——全場所でモンゴル出身力士が優勝

二〇〇九年、初場所は朝青龍と白鵬が全勝でくる中、十日目に白鵬が日馬富士に敗れたが、千秋楽は白鵬が朝青龍に勝ち、十四勝の同点で優勝決定戦となり、**朝青龍**が勝って優勝した。小結には稀勢の里が上がってきた。

東			西		
横綱	○白　鵬	宮城野 23	横綱	◎朝青龍	高砂 28
大関	●琴光喜	佐渡嶽 32	大関	○千代大海	九重 32
大関	○琴欧洲	佐渡嶽 25	大関	○魁　皇	友綱 36
大関	○日馬富士	伊勢濱 24			
関脇	○把瑠都	尾上 24	関脇	●安美錦	伊勢濱 30
小結	○稀勢の里	鳴戸 22	小結	●豊ノ島	時津風 25
前頭 1	●琴奨菊	佐渡嶽 25	前頭 1	○旭天鵬	大島 34
前頭 2	●雅　山	武蔵川 31	前頭 2	●嘉　風	尾車 26
前頭 3	●豪　風	尾車 29	前頭 3	○豪栄道	境川 22
前頭 4	●若の里	鳴戸 32	前頭 4	●黒　海	追手風 27
前頭 5	●普天王	出羽海 28	前頭 5	●高見盛	東関 32
前頭 6	●武州山	武蔵川 32	前頭 6	●阿　覧	三保関 25
前頭 7	○北勝力	八角 31	前頭 7	●出　島	武蔵川 34
前頭 8	●朝赤龍	高砂 27	前頭 8	○鶴　竜	井筒 23
前頭 9	●土佐ノ海	伊勢海 36	前頭 9	●千代白鵬	九重 25
前頭 10	○時天空	時津風 29	前頭 10	○栃乃洋	春日野 34
前頭 11	○岩木山	境川 32	前頭 11	○栃ノ心	春日野 21
前頭 12	○栃煌山	春日野 21	前頭 12	○垣　添	武蔵川 30
前頭 13	●玉　鷲	片男波 24	前頭 13	●光　龍	花籠 24
前頭 14	●豊　響	境川 24	前頭 14	●将　司	入間川 24
前頭 15	○玉乃島	片男波 31	前頭 15	○山本山	尾上 24
前頭 16	○豊真将	錣山 27			

2009年1月場所番付（日馬富士大関昇進時）
＊◎＝優勝、○＝勝ち越し、●＝負け越し、数字は年齢

春場所は**白鵬**が十五戦全勝で優勝、千代大海が二勝十三敗と大負けした。小結には境川部屋の豪栄道が上がってきた。この場所、入間川部屋の皇司が引退し、若藤親方となった。

夏場所では白鵬と日馬富士が全勝で来て、十三日目に白鵬が日馬に土をつけ、十四勝での優勝決定戦となり、**日馬富士**が初優勝した。東関部屋の潮丸《うしおまる》が引退し、小野川を襲名した。

場所後の五月二十九日、元・時津風の山本順一は、名古屋地裁で懲役六年の実刑判決を言い渡され、即日控訴した。

場所	幕内最高優勝	三賞
1月場所	朝青龍明徳（14勝1敗㉓）	㊙豊真将、㊕豪栄道
3月場所	白鵬翔（15戦全勝⑩）	㊙豊真将、㊕鶴竜
5月場所	日馬富士公平（14勝1敗①）	㊙稀勢の里、㊕鶴竜
7月場所	白鵬翔（14勝1敗⑪）	㊙翔天狼、㊕安美錦
9月場所	朝青龍明徳（14勝1敗㉔）	㊙把瑠都、㊕鶴竜
11月場所	白鵬翔（15戦全勝⑫）	㊙栃ノ心、雅山、㊕豊ノ島
年間最多勝＝白鵬翔（86勝4敗）		

2009年本場所

＊丸数字は優勝回数。㊛＝殊勲賞、㊙＝敢闘賞、㊕＝技能賞。

名古屋場所は、**白鵬**が琴光喜に敗れただけの十四勝一敗で優勝した。元大関の出島は前頭十三枚目にいたが、十一日目までに九敗し、三十五歳で引退して大鳴戸を襲名した。

七月十三日、貴乃花の提訴に対して東京地裁は、武田頼政と『週刊現代』に対して損害賠償を命じる判決を出した。講談社側は控訴したが一審が支持された。

翌年定年退職を控えた高田川親方は、千田川《せんだがわ》（安芸乃島）と名跡を交換して部屋を譲った。

八月三十日の総選挙で民主党が勝利し、国民新党・社民党との連立で、九月に鳩山由紀夫・民主党代表を首班とする政権が発足した。

秋場所は白鵬が一敗、朝青龍が全勝だったが、千秋楽に朝青龍が白鵬に土をつけられ、優勝決定戦となって**朝青龍**が優勝した。千代大海は途中休場し、角番となった。この七日目に、朝青龍が玉乃島に勝った一戦で、朝青龍が玉乃島を送り出しにした際、膝を玉乃島の尻に当てた。蹴ったとみられて抗議電話が殺到した。

相撲で相手の腹や胸を蹴るのは反則だが、尻については記載がなかった。

九州場所は、**白鵬**が十五戦全勝の優勝。千代大海は、先場所と同じ、十日目に負け越して翌日から休場、大関陥落が決まった。

喫煙をめぐるトラブルから、私はとうとう大学の非常勤を全部やめることになってしまい、妻に手伝ってもらって私塾を始めた。

第四章

土俵の独裁者・白鵬

†二〇一〇年――野球賭博で琴光喜解雇

二〇一〇年、初場所は一月十日からだったが、場所前から、貴乃花が場所後の理事選に出る意向を示した。二所ノ関一門では難色を示したが、貴乃花の出馬の意思は固く、一門を離脱して無所属で出馬することになった。これは高田川の前例があるが、他の一門は貴乃花へ流れる票を警戒した。

場所が始まると、千代大海が初日から三連敗し、引退を表明し、佐ノ山親方を襲名した。**朝青龍**は一敗のままで十四日目、日馬富士に勝ち、白鵬がすでに三敗していたため、優勝を決めた。だが千秋楽には朝青龍は白鵬に敗れた。

元幕内の片男波部屋・玉力道《たまりきどう》は場所後に引退、荒磯親方となった。

二十日には、貴乃花支持を表明した六人の親方が、二所ノ関一門から破門された。音羽山（貴ノ浪）、常盤山（隆三杉）、大嶽（貴闘力）、二子山（元十両大竜）、阿武松（益荒雄）、間垣（二代目若乃花）である。

一方、二十三日、場所中の七日目に、朝青龍が泥酔して一般人を相手に暴行をしたと週刊誌に報道された。相手は暴力団員だった。

二月一日に行われた理事選では、定員十人のところへ十一人が立候補し、結果は貴乃花の当選、大島（旭國）が落選した。当選理事は、放駒、二所ノ関、武蔵川、北の湖、陸奥（新、霧島）、鏡山（新、多賀竜）、貴乃花、九重、友綱、出羽海である。貴乃花の勝ちを決めたのは、安治川親方（元光法）で、立浪・伊勢ケ浜一門に属しながら大島親方を裏切ったため、責められて退職を申し出たが撤回している。

二月四日、新理事による理事会で朝青龍の処分が話し合われ、現役引退が決まった。同時に横綱審議委員の鶴田卓彦委員長（元日本経済新聞社社長）からは横綱として初の引退勧告書が提出された。これはニュース速報として流れ、仕事で人と話していた内館牧子は、そこにあったテレビのニュースで知って「えっ」と喜び交じりの声をあげたという。

また、師匠としての責任を問われた高砂（朝潮）は、役員待遇から主任への二段階降格処分を受けた。

朝青龍は、暴れん坊ではあったが、モンゴル人ゆえというより、妙に日本人っぽいところがあった。腰をひねってまわしをパンパン、と叩くしぐさとか、腰の低さとか、所作が歌舞伎俳優のようで、優勝インタビューでも、最後に「ありがとう！」とか、大阪場所なら「大阪ありがとう！」と叫ぶなどスタンドプレーが目立ち、一部では顰蹙《ひんしゅく》をかったが、ある意味では愛嬌があったとも言え、その後の白鵬に比べるとましだったような気すらしてくる。

見れば分かる通り、相撲協会はトラブル続きだが、土俵のほうはモンゴル人力士の天下である。一時は、幕内力士の半分が外国人力士になったこともある。これはひどい、と多くの人が思い、のちに稀勢の里を「久しぶりの日本人横綱」として歓迎した。

だがその当時、そういう考え方は差別だ、と言う人たちもいた。とはいえ、では幕内力士が全部外国人になってもいいのか。「江戸の大関より故郷《くに》の三段目」と言うくらい、土地出身の力士をかわいがってきたのだ。まあモンゴル人は喜ぶかもしれないが、「大相撲」というのが相撲のすべてではない。大学相撲もアマチュア相撲もあるし、もしそういう国際的スモーをやりたいなら、よそでやったらいいんじゃないか。

いや、外国人力士を連れて来たのは親方衆で、それを認めたのが相撲協会なんだから、とも言えるが、ファンからしたら責任はない。相撲協会もこれはまずいと思い、ある時期から外国人力士は一部屋に一人だけ、とした。それでも部屋は五十近くあるから、安心はできない。結局は協会全体で何らかの制限をかけるしかないのだろう。

「白鵬」というしこ名は「柏鵬」に通じる大胆なものだが、実際に「白鵬時代」を作ってしまった。新聞報道などを見ると、白鵬について、「熊ヶ谷親方（元・竹葉山）は……」と書いてあった。宮城野親方は金親だから、内館牧子が北の湖理事長に「白鵬を指導しているのは宮城野なんですか熊ヶ谷なんですか」と訊いたら「熊ヶ谷です」と答えたという。

朝青竜引退後の二月十四日、琴欧洲が日枝神社で安藤麻子と結婚式をあげた。

春場所の番付発表後、北の湖部屋の北桜が引退を決め、小野川を襲名した。場所では一人横綱となった**白鵬**が十五戦全勝の優勝、関脇の把瑠都が十四勝して、大関に昇進した（三場所で三十五勝）。

元・時津風の控訴審は、四月五日、名古屋高裁で、相撲協会からの退職金を遺族に支払ったことで情状酌量され、一審判決を破棄し懲役五年とされたが、即日上告した。

元・光法の安治川親方は、四月、立浪一門から貴乃花グループに移籍しようとして、「錦島」の親方株を入手しようとした。これは解雇された双津竜が、解雇の際に弟子の霜《しも》鳳《とり》に売ろうとしたのが、霜鳳が全額はすぐに支払えなかったのでそのままになっていた。元・蔵玉錦が錦島を借りて名乗っていた。元・双津竜は、この時突然、霜鳳から内容証明が届いて、お前が盗んだ錦島の株を返せと言われ驚いたと著書に記している。

把瑠都

琴光喜

夏場所も**白鵬**が十五戦全勝で優勝した。だが夏場所中に出た『週刊新潮』で、大関・琴光喜が野球賭博をやっていたと報道され、角界はま

東			西		
横綱	◎白　鵬	宮城野 25			
大関	○日馬富士	伊勢濱 26	大関	○琴欧洲	佐渡嶽 27
大関	○琴光喜	佐渡嶽 34	大関	○魁　皇	友綱 37
			大関	○把瑠都	尾上 25
関脇	○稀勢の里	鳴戸 23	関脇	●安美錦	伊勢濱 31
小結	○琴奨菊	佐渡嶽 26	小結	●栃煌山	春日野 23
前頭1	●豊ノ島	時津風 26	前頭1	●雅　山	武蔵川 32
前頭2	●豊真将	錣山 29	前頭2	○栃ノ心	春日野 22
前頭3	●鶴　竜	井筒 24	前頭3	●若の里	鳴戸 33
前頭4	●北太樹	北の湖 27	前頭4	○朝赤龍	高砂 28
前頭5	●岩木山	境川 34	前頭5	○白　馬	陸奥 27
前頭6	○時天空	時津風 30	前頭6	●黒　海	追手風 29
前頭7	●玉　鷲	片男波 25	前頭7	○旭天鵬	大島 35
前頭8	●垣　添	武蔵川 31	前頭8	○豊　響	境川 25
前頭9	●土佐豊	時津風 25	前頭9	○豪栄道	境川 24
前頭10	○阿　覧	三保関 26	前頭10	●隠岐の海	八角 24
前頭11	○猛虎浪	立浪 26	前頭11	○徳瀬川	桐山 26
前頭12	○豪　風	尾車 30	前頭12	●木村山	春日野 28
前頭13	○嘉　風	尾車 28	前頭13	○高見盛	東関 34
前頭14	●栃乃洋	春日野 36	前頭14	●北勝力	八角 32
前頭15	○若荒雄	阿武松 26	前頭15	○霜　鳳	時津風 32
前頭16	●光　龍	花籠 26	前頭16	●玉乃島	片男波 32

2010年5月場所番付（把瑠都大関昇進時）

＊◎＝優勝、○＝勝ち越し、●＝負け越し、数字は年齢

たも醜聞にまみれる。元・貴闘力の大嶽親方も関与したとされ、七月、琴光喜と大嶽が解雇された。

琴光喜については、のちのちまで処分が重いといった意見があった。大関は四人になったが、日本人は魁皇だけである。

六月、鳩山が退陣を表明し、民主党代表となった菅直人が新総理に就任した。

名古屋場所では、**白鵬**が十五戦全勝で優勝、これで白鵬の連勝が四十七となり、千代の富士の五十三が抜かれる勢いとなる。元小結の海鵬は、場所中に引退、谷川親方となった。

場所	幕内最高優勝	三賞
1月場所	朝青龍明徳（13勝2敗㉕）	㊕把瑠都、㊞豊響、㊝安美錦
3月場所	白鵬翔（15戦全勝⑬）	㊞把瑠都、㊝把瑠都
5月場所	白鵬翔（15戦全勝⑭）	㊞栃ノ心、阿覧
7月場所	白鵬翔（15戦全勝⑮）	㊞阿覧、豊真将、㊝鶴竜
9月場所	白鵬翔（15戦全勝⑯）	㊞嘉風、豪風、㊝栃煌山
11月場所	白鵬翔（14勝1敗⑰）	㊕稀勢の里、㊞豊ノ島、㊝豊ノ島
年間最多勝＝白鵬翔（86勝4敗）		

2010年本場所

＊丸数字は優勝回数。㊕＝殊勲賞、㊞＝敢闘賞、㊝＝技能賞。

武蔵川理事長は、野球賭博事件のため一時謹慎となるが、ついに辞職し、八月十二日、放駒が理事長になった。

この九月を最後に、読売新聞社の『大相撲』が休刊になった。

九月一日、元・二子山理事長の初代若乃花が、八十二歳で死去した。力士としては格段の長命を保った。同月、日馬富士が岩手大学で学んでいたモンゴル人女性と結婚し、ホテルニューオータニで披露宴を行った。

秋場所も、**白鵬**が十五戦全勝で優勝、連勝は軽く千代の富士を超えて六十二となる。元小結・岩木山が引退を発表、関ノ戸親方を襲名した。九月三十日、武蔵川親方（三重ノ海）は定年を控え、部屋を藤島（武双山）に譲り、武蔵川部屋は藤島部屋になった。

十月二十一日、協会が『週刊現代』を提訴した裁判で、最高裁で協会側の勝訴が確定した。

九州場所初日、**白鵬**は栃ノ心に勝って連勝を六十三としたが、二日目、前頭筆頭の稀勢の里に敗れて連勝は止まった。稀勢の里もガチンコ力士なので、千代の富士と同じくガチンコが連勝を止めたことになる。だから現在、連勝一位は双葉山の六十九、二位が白鵬の六十三、三位が千代の富士の五十三である。だがその一敗だけで、優勝は白鵬である。

元関脇の土佐ノ海は十両から幕下への陥落が決定的となり、十二月、引退を表明し、立川《たちかわ》親方となった。十二月には『別冊ステラ　大相撲特集』が休刊になった。

十二月二十四日の理事会は、宮城野（金親）に対し、熊ヶ谷（竹葉山）と名跡を交換して部屋つきとなるよう勧告し、竹葉山が宮城野親方として白鵬らの指導に当たることになった。

†二〇一一年――八百長事件と「技量審査場所」

二〇一一年、初場所は、**白鵬**がやはり関脇・稀勢の里に敗れたのみの十四勝で優勝した。もう一人の関脇が琴奨菊で、大関への期待が高まった。場所後、黒瀬川の桐山部屋が、力士数の減少で閉鎖され、力士らは朝日山部屋に移籍した。野球賭博に関与したとされた春日野部屋の春日錦は、場所後引退し竹縄親方となった。

このころ私は、母の死までを描いた小説『母子寮前』で芥川賞候補になっていたが、選考では落選となった。

二月二日、前年来の野球賭博事件で力士たちの携帯メールなどを調査していた警視庁が、メールの内容に八百長に関するものがあるのを公開し、問題になった。放駒理事長は四日には、事態の重大さを把握して、三月場所の中止を発表している。協会では調査を行い、八百長に関与したと認定された力士への引退勧告を行い、その提出期限を四月五日とした。

三月十一日に東北を中心とした大きな地震があり、福島原発で放射能漏れが起きたとされ、東京にまで放射能が来ると言われた。私は怯えて、妻の実家がある愛知県岡崎市へ避難した。妻の実家のマンションは禁煙だったから、私は東岡崎駅近くのビジネスホテルに宿泊して、時おり妻の実家を訪ねる形になった。二日ほどして妻と一緒に近くのショッピングモールへ行き、電動機つき自転車を買った。三月の相撲が中止だったため、相撲観戦に影響はなかった。とはいえ、放射能は来ないらしいと分かり、四日で東京に帰った。

八百長メールからは、幕下の恵那司《えなつかさ》（入間川）が八百長の中盆だったのではないかとされた。春日錦（竹縄親方）と千代白鵬の携帯のメール解読で、清瀬海《きよせうみ》と恵那司が八百長をはかっていたのが分かり、恵那司から春日錦あてメールに「今日の内容は物言い付けようがないですね〜。南海（旭南海《きょくなんかい》）さんが貸してるのを豊関（豊桜）に移行してもらいたいみたいで、豊関とあたったらコケてもらいたいみたいです。そして新たに南海、天狼（若天狼）、錦関（春日錦）と3人で回したいみたいです。明日、若天狼に勝って○、南海とあたったら負ける●感じです〜どうでしょうか？」といったものがあった。

協会の勧告に応じて引退を届け出たのは、幕内経験力士では、千代白鵬、元小結・霜鳥（時津風）、元小結・白馬（モンゴル、陸奥）、徳瀬川《とくせがわ》（モンゴル、桐山→朝日山）、豊桜（陸奥）、琴春日（佐渡ヶ嶽）、春日王（韓国、春日山）、境沢（尾上）、山本山（尾上）、光龍（モンゴル、花籠）、猛虎浪《もうこなみ》（モンゴル、立浪）、将司《まさつかさ》（入間川）、十文字（陸奥）、清瀬海（市原、北の湖）、安荘《あそう》富士（伊勢ヶ濱）、旭南海（大島）、蒼国来《そうこくらい》（モンゴル、荒汐）となる。このうち蒼国来だけは、八百長に関与していないとして、地位確認訴訟を起こし、二〇一三年に勝訴して、土俵に復帰している。また元小結の普天王（出羽海）は、十両から幕下へ落ちていたが、春場所中止で気持ちが続かなくなったとして引退、稲川親方を襲名した。またすでに引退して竹縄親方となっていた春日錦は、八百長メールの中心人物の一人と目され、協会を退職した。谷川親方（元・海鵬）も八百長に関与したとして退職勧告を受けたが、記者会見を開いて、八百長には関与していない、と述べ、勧告拒否で解雇された。

上位力士が処分されていないところから「トカゲの尻尾切り」とも言われたが、おそらく上位力士は証拠を残したりしていないのだろうし、曙の八百長が英語で画策されていたように、モンゴル勢はモンゴル語でやりとりしていたのだろう。しかし『週刊現代』との裁判でかかった費用はまるごと無駄になったと言っても過言ではない。

八百長擁護論もある。全部ガチンコで相撲をとっていたら、十五日間もたない、みなケガだらけになり、体は数年でガタガタになってしまう、現に貴乃花はガチンコだったから最後はズタボロになった、八百長で適度に力を抜いてやるのが長持ちのコツだというのだが、まあ一理はある。

協会では五月八日から、通常の夏場所と同じ形式で「技量審査場所」として興行を行った。だが番付は、引退力士を除いて再編成することはなかった。そのさなかの五月十四日、元関脇・北勝力《ほくとうりき》が引退し、谷川親方を襲名した。場所では**白鵬**が十三勝で優勝した。

名古屋場所では、魁皇が角番でもなかったが、十日目まで七敗し、引退を決め、浅香山を襲名した。魁皇は大分県出身で、九州場所では「ご当地力士」扱いである。この「ご当地」の範囲は曖昧で、大阪場所だと、大阪府、和歌山県、兵庫県あたりは入るが、名古屋場所では、愛知県、三重県北部、岐阜県といった感じか。場所では**日馬富士**が十四勝をあげ、白鵬は十二勝で日馬の優勝だが、日馬に土をつけたのは稀勢の里である。

元・時津風の裁判は、八月二十九日、最高裁判所は上告を棄却し、二審判決の懲役五年が確定、山本順一は三重刑務所に服役した。六十一歳であった。七月に山本は『悪者扱い』を竹書房から上梓して、暴行事件ではめられたと主張したが、一般新聞は完全無視、スポーツ新聞は前半の「八百長はやった」のところばかりクローズアップして紹介した。

力士の髪について説明すると、日本髪の通例として、後ろへ長く伸ばして、上へまとめ

場所	幕内最高優勝	三賞
1月場所	白鵬翔（14勝1敗⑱）	(殊)稀勢の里、(敢)隠岐の海、(技)琴奨菊
3月場所	中止	中止
5月場所	白鵬翔（13勝2敗⑲）	(敢)栃ノ心、魁聖、(技)鶴竜、豪栄道
7月場所	日馬富士公平（14勝1敗②）	(殊)琴奨菊、(敢)豊真将
9月場所	白鵬翔（13勝2敗⑳）	(殊)琴奨菊、稀勢の里、(敢)臥牙丸、(技)琴奨菊
11月場所	白鵬翔（14勝1敗㉑）	(敢)若荒雄、碧山、(技)稀勢の里
年間最多勝＝白鵬翔（66勝9敗）		

2011 年本場所

＊丸数字は優勝回数。(殊)＝殊勲賞、(敢)＝敢闘賞、(技)＝技能賞。

あげて髷を作る。土俵に上がる時は、両側の鬢《びん》に、後ろ側の髱《たぼ》を作り、髷を大銀杏《おおいちょう》に結うが、不断は軽くまとめて丁髷《ちょんまげ》にしている。力士の髷を結うのが床山《とこやま》で、これも各部屋に所属し、「床清《とこきよ》」「床《とこ》淀《よど》」などのあっさりした名前を名のっている。大正十二年生まれの「床清」は、本名・佐々木清養《せいよう》で、十五歳で出羽海部屋に入り、双葉山以来、横綱の髪を結ってきた。小林照幸によるノンフィクション『床山と横綱』がある。

菅直人が退陣し、九月二日から民主党の野田佳彦が内閣総理大臣になった。

秋場所は琴欧洲が途中休場し角番となり、**白鵬**が十三勝で優勝、二敗は関脇に並んだ稀勢の里と琴奨菊である。琴奨菊は十二勝をあげ、大関に昇進した（三場所で三十三勝）。この場所で三十五代木村庄之助が定年となり、式守伊之助が三十六代庄之助を襲名した。伊之助襲名は見送られた。

九州場所は十一月十三日からで、各部屋は福岡入りしていたが、鳴戸親方（隆の里）は、六日夜から体調が悪く、病院へ行ったが

東			西		
横綱	○白　鵬	宮城野 26			
大関	○把瑠都	尾上 27	大関	○日馬富士	伊勢濱 27
大関	○琴欧洲	佐渡嶽 28	大関	○琴奨菊	佐渡嶽 27
関脇	○稀勢の里	鳴戸 25	関脇	○鶴　竜	井筒 26
小結	○豊ノ島	時津風 28	小結	●豊真将	錣山 30
前頭 1	●隠岐の海	八角 26	前頭 1	●豪栄道	境川 25
前頭 2	●栃ノ心	春日野 24	前頭 2	●旭天鵬	大島 37
前頭 3	●阿　覧	三保関 27	前頭 3	●臥牙丸	北の湖 24
前頭 4	●栃乃若	春日野 23	前頭 4	●栃煌山	春日野 24
前頭 5	○北太樹	北の湖 29	前頭 5	●嘉　風	尾車 29
前頭 6	○安美錦	伊勢濱 33	前頭 6	○雅　山	藤島 34
前頭 7	●時天空	時津風 32	前頭 7	○豪　風	尾車 32
前頭 8	●翔天狼	藤島 29	前頭 8	○高　安	鳴戸 21
前頭 9	●若の里	鳴戸 35	前頭 9	○若荒雄	阿武松 27
前頭 10	●黒　海	追手風 30	前頭 10	●富士東	玉ノ井 24
前頭 11	○豊　響	境川 27	前頭 11	○妙義龍	境川 25
前頭 12	○大　道	阿武松 29	前頭 12	●磋牙司	入間川 29
前頭 13	●玉　鷲	片男波 27	前頭 13	●朝赤龍	高砂 30
前頭 14	●魁　聖	友綱 24	前頭 14	●宝富士	伊勢濱 24
前頭 15	○松鳳山	松ヶ根 27	前頭 15	○佐田の富士	境川 26
前頭 16	○碧　山	田子浦 25	前頭 16	●剣　武	藤島 32
前頭 17	●木村山	春日野 30			

2011 年 11 月場所番付（琴奨菊大関昇進時）
*◎＝優勝、○＝勝ち越し、●＝負け越し、数字は年齢

容態が急変し、七日、五十九歳で急死した。少年時代、青森から一緒に上京した二代目若乃花の間垣親方は、これまで夫人に先立たれたり、自身が脳出血で倒れたりしていたが、鳴戸のお別れの会で、隆の里の遺体に、「お前何しているんだ、寝てる場合じゃないだろう。早く起きろ」と声を掛けたという。鳴戸部屋は部屋つきの元・隆の鶴が継いだ。

九州場所では、関脇に稀勢の里とモンゴルから来た井筒部屋の鶴竜が並び、優勝は**白鵬**の十四勝だったが、場所後、稀勢の里は大関に昇進した（三場所で三十二勝）。

元関脇の玉乃島は、初日から八連敗し、引退を表明、西岩親方になった。

†二〇一二年――旭天鵬の優勝

二〇一二年初場所は、大関・**把瑠都**が初日から全勝で、ほかの四大関を破り、十三日目に白鵬が三敗目を喫したため、把瑠都の優勝が決まった。千秋楽には白鵬に敗れたが、初優勝である。

元関脇の栃乃《とちの》洋《なだ》が十両から幕下陥落の成績となり、千秋楽に引退を発表、竹縄親方となった。

場所後の理事選は、一時は十二人が立つ勢いだったが、伊勢ヶ濱（旭富士）が直前で辞退し、十一人で投票、友綱（魁輝）が落選した。理事長を退いていた北の湖が、再度理事長に選ばれた。

理事長・北の湖、理事・尾車（新、琴風）、楯山（新、玉ノ富士）、貴乃花、春日山（新、春日富士）、鏡山、出羽海、八角（新、北勝海）、千賀ノ浦（新、舛田山）、九重、副理事・松ヶ根（新、若嶋津）、大山（新、大飛）、玉ノ井（新、栃東）

東			西		
横綱	○白　鵬	宮城野 26			
大関	◎把瑠都	尾上 27	大関	○琴奨菊	佐渡嶽 28
大関	○琴欧洲	佐渡嶽 28	大関	○日馬富士	伊勢濱 27
			大関	○稀勢の里	鳴戸 25
関脇	○鶴　竜	井筒 26	関脇	●豊ノ島	時津風 28
小結	●雅　山	藤島 34	小結	●若荒雄	阿武松 27
前頭1	●豪　風	尾車 32	前頭1	○安美錦	伊勢濱 33
前頭2	●隠岐の海	八角 26	前頭2	●豪栄道	境川 25
前頭3	●北太樹	北の湖 29	前頭3	●高　安	鳴戸 21
前頭4	●豊真将	錣山 30	前頭4	○栃乃若	春日野 23
前頭5	○妙義龍	境川 25	前頭5	●豊　響	境川 27
前頭6	○嘉　風	尾車 29	前頭6	○旭天鵬	大島 37
前頭7	○阿　覧	三保関 28	前頭7	●碧　山	田子浦 25
前頭8	○松鳳山	松ヶ根 27	前頭8	○栃煌山	春日野 24
前頭9	○栃ノ心	春日野 24	前頭9	●大　道	阿武松 29
前頭10	○時天空	時津風 32	前頭10	○臥牙丸	北の湖 24
前頭11	●富士東	玉ノ井 24	前頭11	○佐田の富士	境川 27
前頭12	●芳　東	玉ノ井 34	前頭12	●土佐豊	時津風 26
前頭13	○千代の国	九重 21	前頭13	○天鎧鵬	尾上 27
前頭14	●隆の山	鳴戸 28	前頭14	●磋牙司	入間川 30
前頭15	○朝赤龍	高砂 30	前頭15	●旭秀鵬	大島 23
前頭16	●魁　聖	友綱 25	前頭16	●鳰の湖	北の湖 25

2012年1月場所番付（稀勢の里大関昇進時）
*◎＝優勝、○＝勝ち越し、●＝負け越し、数字は年齢

という顔ぶれ。春日山は、弟子の春日王が八百長に関与したため主任に降格していたものである。春日山は、二月末、引退したばかりの濱錦《はまにしき》と名跡を交換して雷《いかずち》を名乗り、部屋経営は新親方に任せ協会理事に専念することになった。

春場所は、九日目に白鵬が関脇・鶴竜に敗れ、十三日目に稀勢の里に敗れた。この時点で鶴竜が稀勢の里に敗れた一敗だけだったが、千秋楽に鶴竜は前頭六枚目の豪栄道に敗れ、同点となり、優勝決定戦で**白鵬**が勝ち、優勝を決めた。鶴竜は場所後、大関に昇進し（三場所で三十三勝）、一横綱六大関

となった。

四月、立浪（旭豊）は、理事選で貴乃花に投票したため、立浪・伊勢ヶ濱連合を離脱して貴乃花グループに入ることになった。そのため、一門の名称を「春日山・伊勢ヶ濱組合」とすることになった。しかし「一門」というのは正式な存在ではなく「派閥」に過ぎない。

旭天鵬

四月二十五日には、元・旭國の大島親方が定年となり、部屋はモンゴルから来て日本に帰化し、三十七歳で現役の旭天鵬に引退してもらって継がせるつもりだったが、旭天鵬が、もうちょっととりたい、と言ったため、部屋をいったん閉鎖して、力士らは友綱部屋に預かってもらった。そのため、夏場所で旭天鵬は、友綱部屋の力士として出ている。二十五日、元小結の垣添《かきぞえ》が引退を表明し、押尾川を名乗った。

夏場所は、上位陣が不調で、十一日目まで一敗の稀勢の里がトップだったが、稀勢の里は、十二日目、前頭四枚目で三敗の栃煌山《とちおうざん》に、十三日目、白鵬に敗れて三敗になる。この時点で三敗は栃煌山と前頭六枚目の旭天鵬だったが、十四日目、栃煌山は鶴竜に、旭天鵬は琴欧洲に勝ち、これで琴欧洲がケガをして千秋楽休場し、対戦相手だった栃煌山が不戦勝となり、旭天鵬は豪栄道に勝って、栃煌山と旭天鵬が平幕同士で優勝決定戦という異例の事態となり、突いてくる栃煌山を**旭天鵬**があっさりとはたき込んで、史上最年長の初優

東			西		
横綱	○白　鵬	宮城野 27			
大関	○日馬富士	伊勢濱 28	大関	○把瑠都	尾上 27
大関	○稀勢の里	鳴戸 25	大関	○琴奨菊	佐渡嶽 28
大関	○琴欧洲	佐渡嶽 29	大関	○鶴　竜	井筒 26
関脇	●豊ノ島	時津風 28	関脇	○豪栄道	境川 26
小結	●豊真将	錣山 31	小結	●安美錦	伊勢濱 33
前頭 1	●阿　覧	三保関 28	前頭 1	●高　安	鳴戸 22
前頭 2	○妙義龍	境川 25	前頭 2	●臥牙丸	木瀬 25
前頭 3	●豊　響	境川 27	前頭 3	●豪　風	尾車 32
前頭 4	○栃煌山	春日野 25	前頭 4	●栃乃若	春日野 24
前頭 5	○隠岐の海	八角 26	前頭 5	●雅　山	藤島 34
前頭 6	○若荒雄	阿武松 28	前頭 6	○碧　山	春日野 25
前頭 7	○松鳳山	松ヶ根 28	前頭 7	◎旭天鵬	友綱 37
前頭 8	○栃ノ心	春日野 24	前頭 8	●北太樹	北の湖 29
前頭 9	●時天空	時津風 32	前頭 9	○嘉　風	尾車 30
前頭 10	●若の里	鳴戸 35	前頭 10	●千代大龍	九重 23
前頭 11	○翔天狼	藤島 30	前頭 11	●佐田の富士	境川 27
前頭 12	○魁　聖	友綱 25	前頭 12	●大　道	阿武松 29
前頭 13	●天鎧鵬	尾上 27	前頭 13	●皇　風	尾車 25
前頭 14	●朝赤龍	高砂 30	前頭 14	●千代の国	九重 21
前頭 15	●富士東	玉ノ井 25	前頭 15	○玉　鷲	片男波 27
前頭 16	○宝富士	伊勢濱 25			

2012年5月場所番付（鶴竜大関昇進時）
＊◎＝優勝、○＝勝ち越し、●＝負け越し、数字は年齢

勝を決めた。

皮肉に言えば、旭天鵬の優勝は、外国人力士を快く思わない観客にも、「帰化して、親方になる」「日本人になった」という意味で爽やかな感動を与えうる事件となった。朝青龍やのちの白鵬のような傲慢・不良でもないわけだし。実際、NHKの放送でも、外国出身力士に対してアナウンサーはよく「もう日本人になりきった」というような表現を使っていた。

名古屋場所、注目の旭天鵬は前頭筆頭についたが、初日から十三連敗し、最後に二勝した。優勝は**日馬富士**と白鵬が全勝で千秋楽に

直接対決し、日馬が勝って十五戦全勝で決めた。

秋場所は、白鵬が栃煌山に十日目に土をつけられ、千秋楽に日馬富士に敗れ、**日馬富士**の連覇となり、横綱昇進を決めて、久しぶりの二人横綱になったが、把瑠都、琴奨菊、琴欧洲の三大関が途中休場して角番になった。日馬富士は、協会からの使者に「全身全霊で」という言葉を使って受諾の返事をした。場所中に、元小結の黒海が引退し、郷里のグルジアに帰った。

場所中、雷理事(春日富士)が、『週刊新潮』に、相撲協会事務員女性との不倫を報道され、二十日に退職届を提出し退職、理事一人が欠員になった。この報道の時、よく見たら女にもてそうな顔だと思ったのを覚えている。この件と関係あるのか、「春日山・伊勢ヶ濱組合」は十一月に「伊勢ヶ濱連合」と改称している。

九州場所で、友綱部屋の木村庄三郎が三十九代式守伊之助を襲名した。把瑠都は序盤で休場し、関脇に陥落した。**白鵬**が十四勝をあげて優勝したが、新横綱の日馬富士は終盤で上位に五連敗し、九勝六敗に終わった。

十二月の総選挙で自民党が大勝し、再度総裁に選ばれた安倍晋三が組閣した。

十二月、母が死んだのと同じころ、父が施設で死んだ。

東			西		
横綱	◎白　鵬	宮城野 27	横綱	○日馬富士	伊勢濱 28
大関	○鶴　竜	井筒 27	大関	○稀勢の里	鳴戸 26
大関	○琴奨菊	佐渡嶽 28	大関	○琴欧洲	佐渡嶽 29
大関	●把瑠都	尾上 28			
関脇	●妙義龍	境川 26	関脇	○豪栄道	境川 26
小結	●安美錦	伊勢濱 34	小結	●豊真将	錣山 31
前頭1	●隠岐の海	八角 27	前頭1	○栃煌山	春日野 25
前頭2	○松鳳山	松ヶ根 28	前頭2	●魁　聖	友綱 25
前頭3	●栃ノ心	春日野 25	前頭3	●豪　風	尾車 33
前頭4	●高　安	鳴戸 22	前頭4	●舛ノ山	千賀浦 22
前頭5	●碧　山	春日野 26	前頭5	○豊　響	境川 28
前頭6	○旭天鵬	友綱 38	前頭6	○豊ノ島	時津風 29
前頭7	○臥牙丸	木瀬 25	前頭7	○阿　覧	三保関 28
前頭8	●時天空	時津風 33	前頭8	●大　道	阿武松 30
前頭9	●翔天狼	藤島 30	前頭9	●朝赤龍	高砂 31
前頭10	○勢	伊勢海 26	前頭10	○嘉　風	尾車 30
前頭11	●旭日松	友綱 23	前頭11	●雅　山	藤島 35
前頭12	○北太樹	北の湖 30	前頭12	○若の里	鳴戸 36
前頭13	○富士東	玉ノ井 25	前頭13	●若荒雄	阿武松 28
前頭14	●常幸龍	木瀬 24	前頭14	●千代の国	九重 22
前頭15	●芳　東	玉ノ井 35	前頭15	○千代大龍	九重 24
前頭16	○玉　鷲	片男波 28			

2012年11月場所番付（日馬富士横綱昇進時）
＊◎＝優勝、○＝勝ち越し、●＝負け越し、数字は年齢

場所	幕内最高優勝	三賞
1月場所	把瑠都凱斗（14勝1敗①）	(殊)鶴竜、(敢)臥牙丸、(技)妙義龍
3月場所	白鵬翔（13勝2敗㉒）	(殊)鶴竜、(敢)豪栄道、(技)鶴竜、豊ノ島
5月場所	旭天鵬勝（12勝3敗①）	(殊)豪栄道、(敢)栃煌山、旭天鵬、(技)妙義龍
7月場所	日馬富士公平（15戦全勝③）	(敢)魁聖、舛ノ山、(技)妙義龍
9月場所	日馬富士公平（15戦全勝④）	(殊)栃煌山、(技)妙義龍
11月場所	白鵬翔（14勝1敗㉓）	(敢)松鳳山、(技)豪栄道
年間最多勝＝白鵬翔（76勝14敗）		

2012年本場所
＊丸数字は優勝回数。(殊)＝殊勲賞、(敢)＝敢闘賞、(技)＝技能賞。

二〇一三年——相撲部屋の相次ぐ閉鎖

二〇一三年、初場所は**日馬富士**が捲土重来、十五戦全勝で優勝した。場所中、元・大鵬親方が一月十九日、七十二歳で死去した。武蔵川（藤島）部屋の武州山《ぶしゅうやま》が引退し、のち小野川となる。武州山は、

高見盛

八百長問題の時、まっさきに八百長と関係ない力士と認定されたという。また元小結の高《たか》見盛《みさかり》が引退して、振分親方となった。高見盛はユニークなキャラで人気があり、ぎくしゃくした動きから「ロボコップ」のあだ名があったが、私は「ロボコップ」という映画を観ていなかった。場所後、理事の補欠選挙が行われ、伊勢ヶ濱（旭富士）が新理事になった。

二所ノ関親方（金剛）は、定年間近だったが脳腫瘍で入院し、部屋の経営ができなくなったため部屋を閉鎖し、力士らは松ヶ根部屋（若嶋津）に移った。

二月四日、元理事長の武蔵川が定年退職し、相撲博物館館長となった。十四日、元理事長の放駒が定年退職し、放駒部屋の力士は弟子の大乃国の芝田山部屋に移籍した。

春場所は**白鵬**が十五戦全勝で優勝し、北の湖と同じ二十四回目の優勝となった。元大関の雅山は十両に落ちており、この場所で引退し、二子山を襲名した。

夏場所は、**白鵬**が十五戦全勝で優勝、稀勢の里は二敗して及ばなかった。この場所で木

場所	幕内最高優勝	三賞
1月場所	日馬富士公平（15戦全勝⑤）	敢高安
3月場所	白鵬翔（15戦全勝㉔）	敢隠岐の海
5月場所	白鵬翔（15戦全勝㉕）	技妙義龍
7月場所	白鵬翔（13勝2敗㉖）	殊高安
9月場所	白鵬翔（14勝1敗㉗）	殊豪栄道、敢松鳳山
11月場所	日馬富士公平（14勝1敗⑥）	敢勢、技千代大龍
年間最多勝＝白鵬翔（82勝8敗）		

2013年本場所

＊丸数字は優勝回数。殊＝殊勲賞、敢＝敢闘賞、技＝技能賞。

村庄之助が定年になったが、伊之助の昇格は見送られ、庄之助不在になった。五月、NHKが『NHK G-Media 大相撲ジャーナル』の題で相撲雑誌を復刊させた。

名古屋場所も**白鵬**が十三勝で優勝である。

秋場所の番付で把瑠都は十両へ落ちていたが、場所前に引退し、エストニアへ帰って政治家などをやっている。秋も**白鵬**が十四勝で優勝、琴欧洲は途中休場で角番になった。

九州場所で、式守伊之助が三十七代木村庄之助を襲名し、宮城野部屋の式守錦太夫が四十代式守伊之助となったが、五十三歳と異例の若さであった。場所中に二所ノ関が定年を迎えたが病気療養中であった。またやはり場所中、前雷の春日富士が春日山の名跡の証書を渡さないというので濵錦が民事提訴しているが、これはそもそも五月に濵錦が名跡の証書紛失を協会に申し立てて再発行させたところ、元・春日富士が証書は持っていると主張して再発行が取り消され、元・春日富士が自身の所有である部屋の賃料支払いを求めたところから起こった紛争である。

九州場所は、白鵬と日馬富士が全勝でくるが、十三日目に日馬富士が稀勢の里に敗れる。しかし白鵬は十四日目稀勢の里、千秋楽日馬富士に敗れて二敗となり、**日馬富士**の優勝が決まった。稀勢の里も十三勝。大関の琴欧洲は続けて途中休場し大関を陥落した。境川部屋の宝千《ほうち》山《やま》（宝智山）は三段目まで落ちていたがこの場所で三段目優勝し、これを機に引退して君ヶ浜を襲名した。

三保ヶ関親方（増位山）が定年を迎えたため、三保ヶ関部屋は解体され、力士たちは北の湖部屋に移籍した。

十二月に、年寄名跡の協会でのとりまとめのための証書提出の期限に、間垣親方は間に合わず、意図は不明だが退職した。もう、相撲への情熱は失っていたのだろう。力士らは伊勢ヶ濱部屋へ移籍した。

†二〇一四年——鶴竜の横綱昇進

二〇一四年、私は、母が死ぬ前に罵声を浴びせた父のことを描いた『ヌエのいた家』で、二度目の芥川賞候補になったが、あえなく落選、候補は以後降りると宣言した。

父は日本ロレックスで時計修理をしていたが、スイス人だかの社長が九重部屋のタニマチだとかで、パーティに行って北の富士と話したことがあったらしい。

初場所、日馬富士は休場し、白鵬が全勝、鶴竜が一敗だったが、千秋楽の本割で白鵬が鶴竜に敗れて一敗の相星となり、優勝決定戦で**白鵬**が勝ち、優勝を決めた。鶴竜の一敗は初日の隠岐の海である。幕下に落ちることになった元幕内の春日野部屋・木村山は引退、岩友を襲名した。四月で定年となる出羽海（鷲羽山）は、部屋の高崎親方（元・小城ノ花）と名跡を交換し、出羽海部屋の後継とした。

なお、優勝力士の肖像画は、国技館の鴨居に当たる部分に、一面八枚、全部で三十二枚が掲げられており、古いものから順に取り外されていく。この肖像画は、白黒印刷した写真に彩色したものだったが、この一月、彩色を担当していた佐藤寿々江《すずえ》（一九二八―二〇一六）が引退し、佐藤の意向もあって、以後はカラー写真によるものになっている。なお取り外された肖像画は所属の部屋へ持ち帰るが、北の湖、千代の富士、朝青龍、さらに白鵬に至っては四十枚以上の巨大な優勝額なので、後援会に引き取ってもらったり、神社へ奉納したりしている。中には廃棄されているものもあるかもしれない。

一月二十八日、相撲協会は公益財団法人の認定を受け、公益財団法人日本相撲協会に改称した。一月中、琴欧洲と時天空が日本国籍を取得したことが分かった。

三十一日に理事選が行われ、九重（千代の富士）が落選した。

鶴竜

東			西		
横綱	◎白　鵬	宮城野 29	横綱	○日馬富士	伊勢濱 30
横綱	○鶴　竜	井筒 28			
大関	○稀勢の里	田子浦 27	大関	●琴奨菊	佐渡嶽 30
関脇	○豪栄道	境川 28	関脇	○栃煌山	春日野 27
小結	●嘉　風	尾車 32	小結	●千代鳳	九重 21
前頭1	○碧　山	春日野 27	前頭1	●豪　風	尾車 34
前頭2	●千代大龍	九重 25	前頭2	●宝富士	伊勢濱 27
前頭3	○安美錦	伊勢濱 35	前頭3	●旭天鵬	友綱 39
前頭4	●遠　藤	追手風 23	前頭4	●豊ノ島	時津風 30
前頭5	○松鳳山	松ヶ根 30	前頭5	○勢	伊勢海 27
前頭6	○魁　聖	友綱 27	前頭6	○玉　鷲	片男波 29
前頭7	○豊真将	錣山 33	前頭7	●徳勝龍	木瀬 27
前頭8	○妙義龍	境川 27	前頭8	●高　安	田子浦 24
前頭9	○照ノ富士	伊勢濱 22	前頭9	●隠岐の海	八角 28
前頭10	○大砂嵐	大嶽 22	前頭10	○栃乃若	春日野 26
前頭11	○豊　響	境川 29	前頭11	●千代丸	九重 23
前頭12	●貴ノ岩	貴乃花 24	前頭12	○常幸龍	木瀬 25
前頭13	●舛ノ山	千賀浦 23	前頭13	○北太樹	北の湖 31
前頭14	●臥牙丸	木瀬 27	前頭14	●時天空	時津風 34
前頭15	○旭秀鵬	友綱 25	前頭15	○蒼国来	荒汐 30
前頭16	●荒　鷲	花籠 27	前頭16	●千代の国	九重 23
前頭17	○佐田の海	境川 27			

2014年5月場所番付（鶴竜横綱昇進時）

＊◎＝優勝、○＝勝ち越し、●＝負け越し、数字は年齢

理事長・北の湖、理事・千賀ノ浦（舛田山）、出来山（新、出羽の花）、尾車、松ヶ根（新、若嶋津）、伊勢ヶ濱（新、旭富士）、友綱（新、魁輝）、八角（北勝海）、鏡山（多賀竜）、貴乃花、副理事・玉ノ井（栃東）、芝田山（新、大乃国）、井筒（新、逆鉾）

二月、元・魁皇は友綱部屋から独立し、浅香山部屋を興した。

春場所、関脇に落ちた琴欧洲は、二日目から九連敗し、引退を決めた。日本に帰化して安藤カロヤンを名乗り、愛称として「カロヤ

東			西		
横綱	◎白　鵬	宮城野 29	横綱	○鶴　竜	井筒 29
横綱	●日馬富士	伊勢濱 30			
大関	○琴奨菊	佐渡嶽 30	大関	○稀勢の里	田子浦 28
			大関	○豪栄道	境川 28
関脇	●妙義龍	境川 27	関脇	●豪　風	尾車 35
小結	●常幸龍	木瀬 26	小結	●千代大龍	九重 25
前頭 1	●照ノ富士	伊勢濱 22	前頭 1	●遠　藤	追手風 23
前頭 2	●高　安	田子浦 24	前頭 2	●豊ノ島	時津風 31
前頭 3	○碧　山	春日野 28	前頭 3	●嘉　風	尾車 32
前頭 4	○宝富士	伊勢濱 27	前頭 4	●大砂嵐	大嶽 22
前頭 5	○豊　響	境川 29	前頭 5	○勢	伊勢海 27
前頭 6	○安美錦	伊勢濱 35	前頭 6	○魁　聖	友綱 27
前頭 7	●松鳳山	松ヶ根 30	前頭 7	○千代鳳	九重 21
前頭 8	○栃煌山	春日野 27	前頭 8	●荒　鷲	峰崎 28
前頭 9	●玉　鷲	片男波 29	前頭 9	●栃乃若	春日野 26
前頭 10	○逸ノ城	湊 21	前頭 10	●北太樹	北の湖 31
前頭 11	●千代丸	九重 23	前頭 11	●貴ノ岩	貴乃花 24
前頭 12	○佐田の海	境川 27	前頭 12	●佐田の富士	境川 29
前頭 13	●豊真将	錣山 33	前頭 13	●蒼国来	荒汐 30
前頭 14	○旭天鵬	友綱 40	前頭 14	●東　龍	玉ノ井 27
前頭 15	●旭秀鵬	友綱 26	前頭 15	○隠岐の海	八角 29
前頭 16	●時天空	時津風 35	前頭 16	●鏡　桜	鏡山 26

2014年9月場所番付（豪栄道大関昇進時）
＊◎＝優勝、○＝勝ち越し、●＝負け越し、数字は年齢

ン」と呼ばれていたが、協会に残り、鳴戸親方を襲名して、一七年、独立して鳴戸部屋を興した。外国出身力士が親方になったのは高見山らの前例があるが、白人、つまり紅毛碧眼《こうもうへきがん》の人間が親方になったのは初めてである。旭天鵬や琴欧洲のような力士が、外国人力士への偏見や違和感を緩和しているのは確かである。

　優勝のほうは、大関・**鶴竜**が、序盤にまたも隠岐の海に敗れただけで、終盤、二大関二横綱を破って十四勝で優勝、翌場所横綱に昇進した。前場所が優勝同点だから、相撲協会はようやく、「二場所優

場所	幕内最高優勝	三賞
1月場所	白鵬翔（14勝1敗㉘）	敢遠藤
3月場所	鶴竜力三郎（14勝1敗①）	殊豪栄道、敢嘉風
5月場所	白鵬翔（14勝1敗㉙）	殊豪栄道、敢勢、佐田の海
7月場所	白鵬翔（13勝2敗㉚）	殊豪栄道、敢髙安
9月場所	白鵬翔（14勝1敗㉛）	殊逸ノ城、敢逸ノ城、技安美錦
11月場所	白鵬翔（14勝1敗㉜）	殊髙安、敢栃ノ心、旭天鵬
年間最多勝＝白鵬翔（81勝9敗）		

2014年本場所

＊丸数字は優勝回数。殊＝殊勲賞、敢＝敢闘賞、技＝技能賞。

勝」に「準ずる」で横綱にすることで、双羽黒事件の呪縛から逃れたのである。

夏場所は三横綱二大関である。中日五月十八日、元理事長の放駒・魁傑が死去した。六十六歳。相撲は、**白鵬**が関脇・豪栄道に敗れただけの十四勝で優勝した。横綱全員がモンゴル人である中、十三勝で準優勝の稀勢の里に、横綱への期待がかかる。

名古屋場所は、**白鵬**が十三勝で優勝した。稀勢の里は九勝六敗に終わったが、白鵬には土をつけた。関脇の豪栄道が十二勝をあげ、大関に昇進した（三場所で三十二勝）。チェコから来ていた隆の山は幕下に落ちていたがこの場所で引退、祖国へ帰った。元・時津風の山本順一は、がんを患い入院していたが、八月十二日、六十四歳で死去した。

秋場所は日馬富士が途中休場、**白鵬**が豪栄道に敗れたのみで十四勝で優勝した。十両と幕下を行き来していた元小結の若荒雄《わかこうゆう》（阿武松部屋）はこの場所で引退、不知火を襲名した。

九州場所も**白鵬**が十四勝で優勝し、大鵬と同じ三十二回目の優勝となったが、豪栄道と琴奨菊は負け越して角番になってしまった。

十一月二十四日には、楯山親方になっていた元・玉ノ富士が六十五歳の定年を迎えたが、協会の再雇用制度利用第一号となり、続けて七十歳まで勤務することになった。

†二〇一五年――北の湖理事長急逝

二〇一五年初場所は、**白鵬**が十五戦全勝で優勝、二十九歳だが衰えはない。角番の大関は九勝と八勝で何とか首をつないだ。元小結の錣山部屋・豊真将《ほうましょう》はこの場所、幕下に落ちていたが、六日目に引退を発表、立田川を襲名した。幕下に落ちて一勝六敗に終わった出羽海部屋の鳥羽《とわ》の山も引退した。

春場所も**白鵬**が十四勝で優勝、鶴竜は休場、琴奨菊と豪栄道はともに八勝。モンゴルから来た関脇の照ノ富士が十三勝をあげた。

照ノ富士

木村庄之助は九日目に定年を迎え、以前なら前日の中日（八日目）が最後の捌きとなるが、規定が改正となり、場所中に定年を迎えても千秋楽まで務めることとなり、千秋楽まで捌いて引退となった。しかし後を継ぐべき式守伊之助は、差し違えが多かったため庄之助になれなかった。

東			西		
横綱	◎白　鵬	宮城野 30	横綱	●日馬富士	伊勢濱 31
横綱	○鶴　竜	井筒 29			
大関	○稀勢の里	田子浦 29	大関	○豪栄道	境川 29
大関	○琴奨菊	佐渡嶽 31	大関	○照ノ富士	伊勢濱 23
関脇	○栃煌山	春日野 28	関脇	●逸ノ城	湊 22
小結	●宝富士	伊勢濱 28	小結	○妙義龍	境川 28
前頭 1	○栃ノ心	春日野 27	前頭 1	●佐田の海	境川 28
前頭 2	●高　安	田子浦 25	前頭 2	○碧　山	春日野 29
前頭 3	●勢	伊勢海 28	前頭 3	●魁　聖	友綱 28
前頭 4	●安美錦	伊勢濱 36	前頭 4	●豪　風	尾車 36
前頭 5	○隠岐の海	八角 30	前頭 5	●徳勝龍	木瀬 28
前頭 6	●旭秀鵬	友綱 26	前頭 6	●臥牙丸	木瀬 28
前頭 7	○玉　鷲	片男波 30	前頭 7	●豊ノ島	時津風 32
前頭 8	○嘉　風	尾車 33	前頭 8	○大砂嵐	大嶽 23
前頭 9	○佐田の富士	境川 30	前頭 9	●誉富士	伊勢濱 30
前頭 10	●北太樹	北の湖 32	前頭 10	○阿夢露	阿武松 31
前頭 11	●時天空	時津風 35	前頭 11	●旭天鵬	友綱 40
前頭 12	○遠　藤	追手風 24	前頭 12	○琴勇輝	佐渡嶽 24
前頭 13	●英乃海	木瀬 26	前頭 13	○千代大龍	九重 26
前頭 14	●豊　響	境川 30	前頭 14	○鏡　桜	鏡山 27
前頭 15	●青　狼	錣山 26	前頭 15	●里　山	尾上 34
前頭 16	●貴ノ岩	貴乃花 25			

2015年7月場所番付（照ノ富士大関昇進時）

＊◎＝優勝、○＝勝ち越し、●＝負け越し、数字は年齢

夏場所は鶴竜が休場、十一日目まで白鵬が一敗で来たが、その後豪栄道、稀勢の里、日馬富士に敗れて四敗となり、三敗だった関脇・**照ノ富士**の初優勝となった。場所後、大関に昇進した（三場所で三十三勝）。

六月二十日、音羽山親方（貴ノ浪）が大阪市内のホテルで倒れているのが見つかり、急性心不全で四十三歳で死去した。貴乃花にとって信頼できる盟友だった。

名古屋場所は日馬富士が休場、**白鵬**の十四勝での優勝である。旭天鵬は前頭十一枚目にいて、四十歳、三勝十二敗と十両陥落の成績

で、場所後引退、大島親方となり、友綱部屋つきになった。元関脇の若の里は十両におり、幕下転落が決定的となったが、夏巡業で青森へ行ったあと、九月三日に引退を発表し、西岩親方となり、のち田子ノ浦部屋から独立して西岩部屋を興した。

九月二日、熊ヶ谷親方（金親）が、マネージャーに暴行したとして警視庁に逮捕され、十月一日には相撲協会から解雇された。

秋場所は日馬富士が休場、白鵬は初日から二敗して休場、照ノ富士が全勝で走ったが、十二日目から栃煌山、稀勢の里、豪栄道に三連敗し、二敗の鶴竜が優位に立ったが、千秋楽、照ノ富士は鶴竜を破って、優勝決定戦となり、**鶴竜**が二回目の優勝を決めた。

九州場所、北の湖理事長は福岡入りはしたが体調が悪く、初日の挨拶を欠席した。白鵬が全勝で走るが、十日目の栃煌山戦で白鵬が猫だましを使い、翌日（十八日）、北の湖はこれに苦言を呈した。十九日夜、体調が悪化し救急車で病院に運ばれたが、二十日、大腸がんによる多臓器不全のため、六十二歳で死去した。協会ナンバーツーとされる事業部長の八角が理事長代行となった。

十三日目に白鵬が日馬富士に敗れ、一敗の日馬富士と並ぶが、翌日は白鵬が照ノ富士に敗れ、日馬富士が優位となり、千秋楽は日馬富士が稀勢の里に敗れたが、白鵬も鶴竜に敗れ、二敗の**日馬富士**が優勝した。

場所	幕内最高優勝	三賞
1月場所	白鵬翔（15戦全勝㉝）	(敢)照ノ富士
3月場所	白鵬翔（14勝1敗㉞）	(殊)照ノ富士、(敢)照ノ富士
5月場所	照ノ富士春雄（12勝3敗①）	(敢)照ノ富士
7月場所	白鵬翔（14勝1敗㉟）	(殊)栃煌山、(敢)嘉風
9月場所	鶴竜力三郎（12勝3敗②）	(殊)嘉風、(敢)栃ノ心、勢、(技)嘉風
11月場所	日馬富士公平（13勝2敗⑦）	(敢)勢、松鳳山、(技)嘉風
年間最多勝＝白鵬翔（66勝12敗12休）		

2015年本場所

＊丸数字は優勝回数。(殊)＝殊勲賞、(敢)＝敢闘賞、(技)＝技能賞。

十二月、八角が正式に後任の理事長となった。

落語や講談にも、相撲取りが出るものがある。落語で有名なのは「花筏《はないかだ》」だろうが、これは植物の名称でもある。実在の力士とは思えないが、いたとしたら花籠部屋の力士だったろうか。実在したのは「阿武松」で、これは横綱・阿武松の若いころの苦労を描いた講談・落語である。武隈とか陣幕とか、今も年寄名として残る名が出てくるが、この話自体はフィクションである。

浄瑠璃・歌舞伎では「双蝶々曲輪《ふたつちょうちょうくるわ》日記《にっき》」に相撲とりが出てくる。濡髪長五郎《ぬれがみちょうごろう》、放駒長吉という力士が活躍するが、放駒はやはり年寄名跡に残っている。しかし放駒という力士がいたかどうかは分からない。

落語「宿屋の仇討ち」の中で、会話の中に「捨衣《すてごろも》」という力士名が出てくる。元は僧侶だったのが還俗《げんぞく》したので捨衣、というのがいいじゃねえか、というのだが、なるほど粋な名だ。玉ノ富士なんか、自衛隊にいたんだからいっそ「改憲山」というしこ名……いやそれはまずいか。

二〇一六年――琴奨菊十年ぶりの日本人力士優勝

二〇一六年初場所は上位陣が不調で、照ノ富士は途中休場、豪栄道は四勝十一敗、白鵬と日馬富士は三敗の中、**琴奨菊**が十四勝で初優勝した。日本出身力士としては十年ぶりということになる。この場所中、阿武松部屋の大道《だいどう》が、幕下へ落ちていたが引退し、小野川を襲名、また時津風部屋の土佐豊も引退し、安治川を襲名した。

このころ、割と年寄株が空き株になっており、というのは横綱・大関になっても引退後帰国する外国人力士が多かったからで、力士にはいくらか楽になっていた。

一月末の理事選は、十一人が立って選挙となり、高嶋（高望山）が落選した。

理事長・八角、理事・伊勢ヶ浜、二所ノ関（若嶋津）、山響（新、巌雄）、尾車、貴乃花、
鏡山、春日野（新、栃乃和歌）、境川（新、両国）、出羽海（新、小城乃花）
となった。

琴奨菊

稀勢の里

春場所は**白鵬**が初日に土がついた（宝富士）

が、その後全部勝って優勝した。日本人横綱希望の星・稀勢の里はもう二十九歳で、十三勝の準優勝だったから、期待が高まった。

四月に、白鵬は力士会会長の地位を日馬富士に譲った。

夏場所は**白鵬**が十五戦全勝で優勝、稀勢の里は十三勝だが、横綱にするには弱い。

名古屋場所は、鶴竜と琴奨菊が途中休場、十二日目まで日馬富士と稀勢の里が二敗で競ったが、十三日目に稀勢の里は日馬富士に敗れ、**日馬富士**が優勝した。この場所、下位で十二勝をあげたのが、貴乃花部屋の貴ノ岩である。

場所後の七月三十一日、千代の富士の九重親方が、がんのため六十一歳で死去した。北の湖、千代の富士とかつてのスター力士の相次ぐ死に、ある寂しさが漂った。

七月に作家の村松友視《ともみ》が『北の富士流』を刊行しているが、北の富士は舞の海とともにNHK大相撲中継の解説者として定着し、ダンディで気さくな語り口が人気で、テレビドラマ『ドクターX』に出演している岸部一徳と並んで、男にとって理想の老年のようになっていた。

元・春日富士に対して濵錦が起こしていた訴訟は、八月二日、春日富士の勝訴となり、元・濵錦は東京高裁に控訴した。相撲協会は十月十二日に、元・濵錦に対して春日山部屋の師匠を辞任するよう勧告、元・濵錦は一週間後にこれを受け入れ、春日山部屋所属の力士ら

場所	幕内最高優勝	三賞
1月場所	琴奨菊和弘（14勝1敗①）	㊛豊ノ島、㊞正代
3月場所	白鵬翔（14勝1敗㊱）	㊛琴勇輝
5月場所	白鵬翔（15戦全勝㊲）	㊞御嶽海、㊕栃ノ心
7月場所	日馬富士公平（13勝2敗⑧）	㊛嘉風、㊞宝富士、貴ノ岩、㊕髙安
9月場所	豪栄道豪太郎（15戦全勝①）	㊛隠岐の海、㊞髙安、㊕遠藤
11月場所	鶴竜力三郎（14勝1敗③）	㊞正代、石浦、㊕玉鷲
年間最多勝＝稀勢の里寛（69勝21敗）		

2016年本場所

＊丸数字は優勝回数。㊛＝殊勲賞、㊞＝敢闘賞、㊕＝技能賞。

は追手風部屋に一時預かりとなった。

時津風部屋のモンゴルから来た元小結・時天空は、悪性リンパ腫にかかり闘病していたが、八月二十五日、引退して間垣を襲名した。だが翌年一月、三十七歳で死去した。

秋場所は白鵬が休場し、照ノ富士は四勝十一敗など、上位陣が崩れる中、**豪栄道**が十五戦全勝で初優勝した。この場所で、片男波部屋の玉飛鳥が引退し、荒磯親方となった。

九州場所は豪栄道の横綱とりになったが、あえなく九勝六敗、優勝は十四勝で**鶴竜**であった。なおこの場所三日目、勢《いきおい》と輝《かがやき》の対戦があり、一文字のしこ名の力士同士の幕内での対戦は、一八三三年（天保四年）十月場所初日の「璞《あらたま》」と「錦」の対戦以来、百八十三年ぶりだったという。ツイッターで能町みね子さんがこの指摘をしているのを見て、私はすっかりその相撲知識ぶりにほれ込んでしまった。なお、大正時代に出羽海親方だった元小結・両国は、はじめ「九」のしこ名で、これで「いちじく」と読ませた。

力士のしこ名は、漢字でも平仮名でも、五文字までと決められている。明治時代に「膃《おっ》肭臍《とせい》」とか「馬鹿の勇介」とか「ヒーロー市松」というしこ名があったのは相撲ファンなら知っているが、その後も珍しこ名はあって、九〇年前後には朝日山部屋に「桃太郎」「赤鬼」「青鬼」がいたりした。これは先に赤鬼と青鬼がいたため、親方が、他の部屋にこれを退治する桃太郎ができたら困るので桃太郎も作ったとのことで、桃太郎はのち玄海桃太郎となり、十両まで上がった。今は式秀部屋に「宇瑠寅《うるとら》」「大当利《おおあたり》」といった珍名力士がいて、彼らは序ノ口あたりだが、立浪部屋に天海空《あくあ》という十両力士がおり、読み方がユニークだが、日本の戸籍には漢字または平仮名しか登録されておらず、漢字の読み方は書いていないので、どう読んでも勝手なのである。だから「川端康成」を「こうせい」と読む人がいて、本名の読みはやすなり、というのは、単に生まれてから習慣的にやすなりだったから、でしかない。総理を務めた山本権兵衛について「ごんのひょうえ」とか「ごんべえ」とか言っているのは、正式な読みがないからである。

しかし、呼び出し泣かせなのは、音の短いしこ名で、本名なのだろうが「李」という力士がいて、呼び出しは「ひが〜し〜、りーいいいいいー」とやっていた。行司は「かたや、りッ！」でいいのだが。阿武松部屋には「慶《けい》」とか「蘇《いける》」という力士もいた。

†二〇一七年――稀勢の里フィーバー

二〇一七年、初場所は、日馬富士と鶴竜が途中休場、琴奨菊は角番で負け越して大関陥落、照ノ富士も四勝十一敗、白鵬も四番の負けのところ、**稀勢の里**が十四勝一敗で優勝し、横綱昇進を決めた。しかし、前場所は準優勝とはいえ、優勝力士と二番の差があり、日本人横綱待望論の中で協会が無理をした観は否めなかった。

春日山部屋紛争で追手風部屋預かりとなっていた力士らを、追手風部屋所属の中川親方(元・旭里)が独立して預かることになり、一月二十六日、中川部屋が独立した。一方、一月十六日、東京高裁で春日富士―濵錦の和解が成立せず、濵錦は協会を去った。二月二十日に春日富士も濵錦も双方の請求を取り下げるという和解案が成立した。ところが三月九日、元・春日富士は心筋梗塞のため五十一歳で急逝した。

この裁判はよく分からないが、もともと二億、三億で脱税して取引されていた年寄株を、協会で一括管理しようというのが無理な話で、二億で入手した株を人手に渡す際にはそれなりの対価を求めたいが、それをはっきり言えないということから起こった紛争であろう。

春場所は、白鵬と豪栄道が途中休場する中、稀勢の里が全勝で走る。だが十三日目日馬富士、十四日目鶴竜に敗れ、角番だったがここまで一敗の照ノ富士に遅れをとる。だがそ

東			西		
横綱	●白　鵬	宮城野 32	横綱	○鶴　竜	井筒 31
横綱	○日馬富士	伊勢濱 32	横綱	◎稀勢の里	田子浦 30
大関	●豪栄道	境川 30	大関	○照ノ富士	伊勢濱 25
関脇	○玉　鷲	片男波 32	関脇	○高　安	田子浦 27
関脇	○琴奨菊	佐渡嶽 33			
小結	○御嶽海	出羽海 24	小結	●正　代	時津風 25
前頭 1	●豪　風	尾車 37	前頭 1	●勢	伊勢海 30
前頭 2	●蒼国来	荒汐 33	前頭 2	●貴ノ岩	貴乃花 27
前頭 3	●松鳳山	二所関 33	前頭 3	●宝富士	伊勢濱 30
前頭 4	○嘉　風	尾車 35	前頭 4	●荒　鷲	峰崎 30
前頭 5	○遠　藤	追手風 26	前頭 5	●北勝富士	八角 24
前頭 6	○千代の国	九重 26	前頭 6	○碧　山	春日野 30
前頭 7	●逸ノ城	湊 23	前頭 7	○千代翔馬	九重 25
前頭 8	●魁　聖	友綱 30	前頭 8	○隠岐の海	八角 31
前頭 9	●輝	高田川 22	前頭 9	●琴勇輝	佐渡嶽 25
前頭 10	●栃ノ心	春日野 29	前頭 10	○栃煌山	春日野 30
前頭 11	○大栄翔	追手風 23	前頭 11	●石　浦	宮城野 27
前頭 12	●佐田の海	境川 29	前頭 12	○宇　良	木瀬 24
前頭 13	○貴景勝	貴乃花 20	前頭 13	●大翔丸	追手風 25
前頭 14	●妙義龍	境川 30	前頭 14	●旭秀鵬	友綱 28
前頭 15	●千代皇	九重 25	前頭 15	○德勝龍	木瀬 30
前頭 16	●錦　木	伊勢海 26			

2017年3月場所番付（稀勢の里横綱昇進時）

＊◎＝優勝、○＝勝ち越し、●＝負け越し、数字は年齢

の十四日目、照ノ富士は、立ち合い変化、はたき込みで琴奨菊に勝った。その際「モンゴルへ帰れ！」とヤジが飛んだ。これは差別発言ではないかと問題になったのだが、これは長いモンゴル人による相撲支配への苛立ちに、稀勢の里への期待が混じったものである。心ないヤジには違いない。

千秋楽、照ノ富士と稀勢の里で、照ノ富士は勝てば優勝である。立ち合い、組んだが伊之助に不成立で止められる。二度目の立ち合い、**稀勢の里**は変わったようにも見えるが、最後は照ノ富士をはたき落とした。ここがいくらか不自然だ

った。優勝決定戦となり、突っ込んでくる照ノ富士を稀勢の里は捨て身のすくい投げで破って優勝したが、これも堂々たる相撲には見えなかった。

稀勢の里は北の湖に容貌が似ていると言われたが、明らかにあの当時の「稀勢の里フィーバー」は異常だった。すでに三十歳で、先も長くない力士に期待しすぎだった。私のところへも「北海道新聞」から取材が来た。日本人横綱が欲しい、という気持ちは分かる、分かるんだが……。私は稀勢の里の優勝を素直には喜べなかった。

四月二十七日、元・境川理事長の佐田の山が七十九歳で死んだ。力士としては長命だった。

夏場所前、高砂部屋の、モンゴルから来た朝赤龍は引退し、錦島親方となった。この前に帰化していたが、モンゴル名「バダルチ・ダシニャム」のままで日本人になった。

夏場所、満身創痍の稀勢の里は途中休場、鶴竜も早々に休場し、**白鵬**が十五戦全勝優勝である。関脇高安《たかやす》が十一勝をあげて大関に昇進した（三場所で三十四勝）。

六月十二日、友綱親方（元・魁輝）が定年を迎えるので、旭天鵬の大島と年寄名跡を交換、自身は再雇用制度で協会に残り、友綱部屋を旭天鵬に任せた。

名古屋場所は、稀勢の里、鶴竜、照ノ富士が途中休場、豪栄道は七勝八敗と角番になる中、**白鵬**が御嶽海《みたけうみ》に負けただけの十四勝で優勝した。

東			西		
横綱	◎白　鵬	宮城野 32	横綱	○日馬富士	伊勢濱 33
横綱	●稀勢の里	田子浦 31	横綱	●鶴　竜	井筒 31
大関	●照ノ富士	伊勢濱 25	大関	●豪栄道	境川 31
大関	○高　安	田子浦 27			
関脇	●玉　鷲	片男波 32	関脇	○御嶽海	出羽海 24
小結	○嘉　風	尾車 35	小結	●琴奨菊	佐渡嶽 33
前頭 1	●正　代	時津風 25	前頭 1	●貴景勝	貴乃花 20
前頭 2	○栃ノ心	春日野 29	前頭 2	○北勝富士	八角 25
前頭 3	●勢	伊勢海 30	前頭 3	●遠　藤	追手風 26
前頭 4	●宇　良	木瀬 25	前頭 4	●輝	高田川 23
前頭 5	●千代翔馬	九重 26	前頭 5	○栃煌山	春日野 30
前頭 6	●逸ノ城	湊 24	前頭 6	○阿武咲	阿武松 21
前頭 7	●貴ノ岩	貴乃花 27	前頭 7	●大栄翔	追手風 23
前頭 8	○碧　山	春日野 31	前頭 8	●石　浦	宮城野 27
前頭 9	●徳勝龍	木瀬 30	前頭 9	●隠岐の海	八角 32
前頭 10	○千代大龍	九重 28	前頭 10	○松鳳山	二所関 33
前頭 11	○千代の国	九重 27	前頭 11	●大翔丸	追手風 26
前頭 12	○荒　鷲	峰崎 30	前頭 12	○豪　風	尾車 38
前頭 13	○宝富士	伊勢濱 30	前頭 13	●蒼国来	荒汐 33
前頭 14	○佐田の海	境川 30	前頭 14	●琴勇輝	佐渡嶽 26
前頭 15	○錦　木	伊勢海 26	前頭 15	○千代丸	九重 26
前頭 16	●臥牙丸	木瀬 30			

2017 年 7 月場所番付（高安大関昇進時）

＊◎＝優勝、○＝勝ち越し、●＝負け越し、数字は年齢

なおこの七月十九日から、私は三十五年喫ってきた煙草をやめた。気管支が苦しくなるようになり、口中に入れる噛みタバコ（スヌース）を併用していたが、喫うのは限界だと感じたからだ。だがそれは長い禁断症状の始まりだった。当初の一年はスヌースを使っていた。

秋場所はさらにひどく、白鵬、稀勢の里、鶴竜が休場し、高安と照ノ富士は途中休場で照ノ富士は大関陥落、日馬富士と豪栄道が十一勝で同点の優勝決定戦となり、**日馬富士**が勝った。この場所新入幕だったのが朝乃山である。

場所	幕内最高優勝	三賞
1月場所	稀勢の里寛（14勝1敗①）	(殊)貴ノ岩、(敢)髙安、(技)御嶽海、蒼国来
3月場所	稀勢の里寛（13勝2敗②）	(殊)髙安、(敢)貴景勝
5月場所	白鵬翔（15戦全勝㊳）	(殊)御嶽海、(敢)阿武咲、(技)髙安、嘉風
7月場所	白鵬翔（14勝1敗㊴）	(殊)御嶽海、(敢)碧山
9月場所	日馬富士公平（11勝4敗⑨）	(殊)貴景勝、(敢)阿武咲、朝乃山、(技)嘉風
11月場所	白鵬翔（14勝1敗㊵）	(殊)貴景勝、(敢)隠岐の海、安美錦、(技)北勝富士
年間最多勝＝白鵬翔（56勝9敗25休）		

2017年本場所

＊丸数字は優勝回数。(殊)＝殊勲賞、(敢)＝敢闘賞、(技)＝技能賞。

十月十九日、私はテレビ朝日のドラマ「ドクターX」を観終わり、私には珍しく、続く「報道ステーション」までテレビをつけていたら、若嶋津の二所ノ関親方が、意識不明で路上に泥だらけで転倒しているのが見つかった、というニュースが冒頭で流れた。どうもサウナへ行ったあとで脳梗塞になったらしかった。

九州場所は大変なことになった。鶴竜は休場だったが、日馬富士は初日から二敗、そこへ、力士の集まりで日馬富士が貴乃花部屋の貴ノ岩をビール瓶で殴ったという報道があり、日馬富士は三日目から休場した。この暴行は、十月の鳥取巡業の時に、モンゴル人力士の集まりで行われたといい、白鵬や鶴竜も参加していたことが分かる。もともと貴ノ岩は、モンゴルから来て鳥取城北《じょうほく》高校に在籍し、相撲部の石浦外喜義《ときよし》に指導を受けた。石浦は、幕内力士・石浦の父である。その恩師・石浦が来るというので貴ノ岩も参加したところ、白鵬から、先輩への態度が悪いと説教されている途中、スマホをいじったというので見ていた日馬富士がキレて、カラオケのマイクなどで殴ったという。なおウィキペディアの石浦時喜義の項には、この件について何も書かれていない。石浦はこの四月に著書『弱くても勝てる強くても負ける』を幻冬舎から出している。だが、その場にいたのかどうかすら明らかにしていない。

貴乃花は、貴ノ岩の様子がおかしいのに気づいて事件を聞き出し、病院に連れて行って鳥取警察に被害届を出した。協会には言わず警察に届けたということで、貴乃花と八角＝相撲協会の対立が始まる。貴ノ岩は事件後の巡業には参加したが、九州場所は休場し、相撲協会が居場所を訊いても貴乃花は教えなかった。その間、日馬富士は事情聴取のため飛行機で東京に向かい、戻ってきた。

場所は稀勢の里が九日目までに五敗して休場、高安が角番を脱する八勝をあげたあと休場、**白鵬**が十四勝で四十回目の優勝を決めた。しかるに、十一日目、嘉風《よしかぜ》との対戦で敗れたのが唯一の負けなのだが、白鵬は組んだあと、立ち合い不成立と見たか力を抜いたようなところを押し出された。だが行司が成立したと見たら成立である。しかるに白鵬は土俵下で手をあげて、物言いを要求し、負け力士として土俵に上がろうとせず、一分間駄々っ子の抵抗を続けた。NHKの藤井康生《やすお》アナウンサーが「いや、これはいけません、こんなことはあってはなりません」と言った。土俵下控えの力士は物言いをつけられるし、白鵬はつけたことがあるのだが（白鵬以外につけた力士は知らない）、本人が物言いをつけることはできない。翌日審判部から厳重注意を受けた。

さらにその表彰式での優勝インタビューが終わろうとするころ、白鵬はマイクをとって、「場所後に真実を話し、膿を出し切って、日馬富士関と貴ノ岩関を、再びこの土俵に上げてあげたいと思います」などと宣言した。しかしその暴行現場にいたとされる先輩横綱の白鵬に対し、お前は何を言うかという感じだった。さらに白鵬は観客に対して万歳三唱を求め、自身が音頭をとって万歳三唱を行った。

場所後二十九日、日馬富士は協会の決定を待たずに引退を決め、伊勢ヶ濱親方（旭富士）とともに記者会見を行ったが、伊勢ヶ濱の態度が妙に横柄で、横から、その質問には答えなくていい、などと言ったりして、ひどく印象が悪かった。なおこれにつき、場所中に伊勢ヶ濱と日馬富士が貴乃花に謝罪に行った際、貴乃花が聞かずに車を発進させ、伊勢ヶ濱との関係が悪化し、日馬富士もそれで引退を決意したと言っている。

さらに貴乃花は、協会による貴ノ岩への事情聴取の要請を再三断り、ついに十二月、評議会で貴乃花の理事解任が決議された（伊勢ヶ濱も同月、理事を引責辞任した）。

日馬富士は力士会会長だったので、このあと力士会会長は鶴竜が就任した。

九州場所で関脇に落ちた照ノ富士は五敗して休場、前頭十枚目まで落ちた。

そんな中での冬巡業でまた椿事が出来した。立行司・式守伊之助が、十代の若い行司にキスをしたり胸を触るなどのセクハラをしたというので、伊之助は三場所の謹慎処分となったのであった。結句、角界は立行司不在になった。

十二月二十八日、モンゴルから来た藤島部屋の翔天狼《しょうてんろう》が引退し、すでに帰化していたので春日山親方になった。

†二〇一八年――貴乃花親方退職

二〇一八年、初場所前に、山響部屋の北太樹《きたたいき》が引退し、小野川を襲名した。初場所では、白鵬、稀勢の里が途中休場、上位では高安の十二勝が最多という中、前頭三枚目の**栃ノ心**が、七日目に鶴竜に敗れただけで残り全勝、平幕優勝したのである。前頭十枚目の照ノ富士は二敗して途中休場、十一日目から再出場したが全敗で十両陥落となった。元大関は十両陥落となったら普通は引退するが、照ノ富士は引退しなかった。

場所中、大嶽部屋の、エジプトから来た元幕内の大砂嵐《おおすなあらし》が、一月三日に自動車事故を起こし、「妻が運転していた」などと話しており、親方にも協会にも届けていなかったことが問題となり、九日目から休場、さらに重婚の疑いもあり、協会は三月に引退を勧告、引退した。

貴乃花の周囲の混乱は続いていた。私もその当時、貴乃花の行動を大枠では理解できても細かいところでは理解できなかった。一月末の理事選で、貴乃花グループは阿武松を立てることになったが、貴乃花は十人の立候補で無選挙になるのを嫌って無理やり出馬、二票しか得られず、落選した。理事会は、

理事長・八角、理事・春日野、出羽海、境川(両国)、山響、尾車、芝田山(新、大乃国)、鏡山、高島(新、高望山)、阿武松(新、益荒雄)、副理事・藤島(武双山)、花籠(新、太寿山)、井筒(新、逆鉾)

となった。

貴乃花は、テレビで協会批判をするなどし、協会でもこれが問題化していく。

二月、西岩親方(元・若の里)は田子ノ浦部屋から独立して部屋を興した。

栃ノ心

春場所は、白鵬、稀勢の里が休場し、**鶴竜**が十三勝で優勝、関脇へ上がった栃ノ心は十勝をあげた。

貴乃花は場所中、職務不熱心で、役員室へ来てもすぐ帰るといったことが続いていた。そこへ、弟子の十両・貴公俊《たかよしとし》が、付き人の貴西龍に暴行を加える事件が起き、貴乃花が、日馬富士に対してとっ

たのと対応が違ったため批判された。貴公俊はのち書類送検され不起訴に終わった。貴公俊の兄は、幕内にも上がった貴源治《なかげんじ》であった。

四月四日、巡業先の舞鶴で、同市市長で医師の多々見良三（六十七歳）が突然意識を失って倒れたが、周囲の人々は何もできずにいた。観客の中から一人の女性が土俵際まで来て、「私は看護師です、心臓マッサージができます、上がっていいですか」と言って上がり、ほかにも数人の女性が上がり、救命措置を行っていると、スピーカーから「女性の方は土俵から降りてください」というアナウンスが三度流れ、中には降りる女性もいた。市長はくも膜下出血で、命はとりとめ回復したが、協会のアナウンスについて報道されると批判が起きた。

四月、藤島部屋つきだった二子山親方（元・雅山）が独立し、二子山部屋を再興した。

夏場所は、稀勢の里、高安が休場し、豪栄道が途中休場する中、**鶴竜**が十四勝で優勝、関脇で十三勝をあげた栃ノ心は、場所後大関に昇進した（三場所で三十七勝）。場所中、ロシャ出身で阿武松部屋の阿夢露《あむうる》が引退した。八角部屋の大岩戸は場所前に引退した。謹慎期間を終えた式守伊之助は、場所後、退職し、立行司不在という異例の事態になり、三役格行司の式守勘太夫が結びの二番を捌くことになった。

多くの親方から責められる結果になった貴乃花は、六月二十日に貴乃花一門の解体を宣

東			西		
横綱	●鶴　竜	井筒 32	横綱	●白　鵬	宮城野 33
横綱	●稀勢の里	田子浦 32			
大関	○豪栄道	境川 32	大関	○高　安	田子浦 28
			大関	●栃ノ心	春日野 30
関脇	○逸ノ城	湊 25	関脇	◎御嶽海	出羽海 25
小結	○玉　鷲	片男波 33	小結	●松鳳山	二所関 34
前頭1	●正　代	時津風 26	前頭1	●琴奨菊	佐渡嶽 34
前頭2	○勢	伊勢海 31	前頭2	●千代の国	九重 28
前頭3	●阿　炎	錣山 24	前頭3	○貴景勝	貴乃花 21
前頭4	○魁　聖	友綱 31	前頭4	●輝	高田川 24
前頭5	●大翔丸	追手風 27	前頭5	●嘉　風	尾車 36
前頭6	○遠　藤	追手風 27	前頭6	○千代大龍	九重 29
前頭7	●宝富士	伊勢濱 31	前頭7	●大栄翔	追手風 24
前頭8	●千代翔馬	九重 27	前頭8	●旭大星	友綱 28
前頭9	○妙義龍	境川 31	前頭9	○豊　山	時津風 24
前頭10	●千代丸	九重 27	前頭10	●錦　木	伊勢海 27
前頭11	○碧　山	春日野 32	前頭11	○阿武咲	阿武松 22
前頭12	○佐田の海	境川 31	前頭12	●荒　鷲	峰崎 31
前頭13	○栃煌山	春日野 31	前頭13	○朝乃山	高砂 24
前頭14	●琴恵光	佐渡嶽 26	前頭14	○隠岐の海	八角 33
前頭15	●石　浦	宮城野 28	前頭15	○竜　電	高田川 27
前頭16	○北勝富士	八角 26	前頭16	●明　生	立浪 23

2018年7月場所番付（栃ノ心大関昇進時）
＊◎＝優勝、○＝勝ち越し、●＝負け越し、数字は年齢

言し、グループが消滅した。

名古屋場所は、稀勢の里がまたも休場、白鵬と鶴竜に、新大関の栃ノ心も途中休場という中、角番の二大関は勝ち越したが、優勝は関脇・**御嶽海**の十三勝だった。照ノ富士はついに幕下まで落ちたが、ケガのため全休、さらに下まで落ちた。

場所後の理事会で全ての親方が五つある一門（出羽海、二所ノ関、時津風、伊勢ヶ濱、高砂）のいずれかに所属することが決定した。貴乃花グループに所属していた親方のうち、阿武松、不知火（元・若荒雄）、音羽山（元・大道）、千賀ノ

場所	幕内最高優勝	三賞
1月場所	栃ノ心剛史(14勝1敗①)	㊮栃ノ心、㊭阿炎、竜電、㊯栃ノ心
3月場所	鶴竜力三郎(13勝2敗④)	㊮栃ノ心、㊭魁聖、㊯遠藤
5月場所	鶴竜力三郎(14勝1敗⑤)	㊮松鳳山、㊭栃ノ心、千代の国、旭大星、㊯栃ノ心
7月場所	御嶽海久司(13勝2敗①)	㊮御嶽海、㊭豊山、朝乃山、㊯御嶽海
9月場所	白鵬翔(15戦全勝㊶)	(三賞該当者なし)
11月場所	貴景勝光信(13勝2敗①)	㊮貴景勝、㊭貴景勝、阿武咲
年間最多勝=栃ノ心剛史(59勝23敗8休)		

2018年本場所

＊丸数字は優勝回数。㊮=殊勲賞、㊭=敢闘賞、㊯=技能賞。

浦(元・隆三杉)、大嶽(元・大竜)、常盤山(元・舛田山)の六人と、時津風一門から離脱して無所属になっていた錣山(元・寺尾)、湊(元・湊富士)、立田川(元・豊真将)の三人が二所ノ関一門に、貴乃花一門から離脱して無所属になっていた立浪(元・旭豊)が出羽海一門に所属が決まったが、貴乃花だけが所属が決まらなかった。

この夏は異常な暑さだったが、八月に入ってから、私は一年間用いていたスヌースが、咳を誘発していることに気づいてやめたが、ニコチンパッチを貼って禁断症状に耐えた。

八月十四日、八百長を摘発し続けた板井が六十二歳で死去した。

秋場所は、稀勢の里が久しぶりに出場し、上位陣がすべて勝ち越す中、**白鵬**が十五戦全勝で優勝した。

秋場所後まで所属する一門が決まらなかった貴乃花は、ついに協会を退職した。弟子たちは、同門の隆三杉の千賀ノ浦部屋に預けた。「一門」というのは、正式な組織ではないはずで、そのどれかに所属するよう協会が強制する権利はないはずだが、外部理事を入れてもそのことが問題にならなかったのは奇妙である。実際かっての高田川のように無所属ということもあったのだ。

貴乃花は、日馬富士の暴行事件が刑事事件になれば、かつての大麻や野球賭博の時のように、八角が責任をとって理事長を辞任し、千代の富士と八百長で星を回していた八角などでなく、ガチンコ横綱で一代年寄の自分に理事長が回ってくると考えたのだろう。だがそうはならず、理事を解任されて、迷走してしまった。盟友の貴ノ浪が死んだのが痛かったという意見もある。私はこの時期、貴乃花に、自分と似たものを感じていた。対照的なのは朝潮だ。高砂一門の長であり、元大関でありながら、理事も辞めて役員待遇のまま、定年を迎えようとしている。

十月八日、元横綱の輪島が七十歳で死去した。二十五日には、貴乃花が河野景子と離婚した。

九州場所は、白鵬と鶴竜が休場し、稀勢の里は初日から四連敗して休場、小結の**貴景勝**が十三勝で優勝した。貴乃花の弟子である。場所中、尾上部屋の里山が引退し、佐ノ山を襲名した。照ノ富士は三段目二十七枚目まで落ちたが、まだ休場が続いた。

だが冬巡業中、貴乃花部屋の貴ノ岩が、付け人に暴力を振るったことが分かり、八角や千賀ノ浦が引き留めたが自ら引退を決意し、

貴景勝

モンゴルへ帰った。

†二〇一九年――トランプ大統領の相撲観戦

ニコチンパッチを外す時期を過ぎても、禁断症状は治まらず、私はニコチンガムのニコレットを噛み続けた。

朝乃山

初場所から、三役格行司の式守勘太夫は、四十一代式守伊之助を襲名し、事実上一年ぶりに立行司が復活した。五十九歳であった。

初場所、初日から三連敗した稀勢の里は、ついに引退、荒磯親方を襲名した。栃ノ心も四連敗して休場、鶴竜も途中休場、白鵬も終盤に三連敗して休場する中、関脇で三十四歳の**玉鷲**が、序盤の二敗のままこれをキープし、十三勝で初優勝した。元関脇の豪風《たけかぜ》は十両に落ちていたが負け越して幕下陥落確実となり場所中に引退、押尾川を襲名した。三十八歳になっていた。

二月十日、元・双羽黒の北尾光司が、五十五歳で死んだという寂しいニュースが流れた。

春場所、栃ノ心は七勝八敗と負け越して大関から陥落、優勝は**白鵬**の十五戦全勝だった。関脇の貴景勝は十勝をあげて大関に昇進した（三場所で三十四勝）。序二段四十八枚目まで落ちた照ノ富士は再起ののろしをあげ、七戦全勝したが優勝はならなかった。

東			西		
横綱	●白　鵬	宮城野 34	横綱	○鶴　竜	井筒 33
大関	○豪栄道	境川 33	大関	○高　安	田子浦 29
大関	●貴景勝	千賀浦 22			
関脇	●逸ノ城	湊 26	関脇	○栃ノ心	春日野 31
小結	●碧　山	春日野 32	小結	○御嶽海	出羽海 26
前頭 1	●北勝富士	八角 26	前頭 1	●琴奨菊	佐渡嶽 35
前頭 2	●遠　藤	追手風 28	前頭 2	●大栄翔	追手風 25
前頭 3	●千代大龍	九重 30	前頭 3	○玉　鷲	片男波 34
前頭 4	●隠岐の海	八角 33	前頭 4	○阿　炎	錣山 25
前頭 5	●妙義龍	境川 32	前頭 5	○竜　電	高田川 28
前頭 6	○宝富士	伊勢濱 32	前頭 6	●嘉　風	尾車 37
前頭 7	○正　代	時津風 27	前頭 7	○明　生	立浪 23
前頭 8	●魁　聖	友綱 32	前頭 8	○朝乃山	高砂 25
前頭 9	●錦　木	伊勢海 28	前頭 9	○友　風	尾車 24
前頭 10	●輝	高田川 24	前頭 10	○阿武咲	阿武松 22
前頭 11	○松鳳山	二所関 35	前頭 11	●栃煌山	春日野 32
前頭 12	○志摩ノ海	木瀬 29	前頭 12	●矢　後	尾車 24
前頭 13	●千代丸	九重 28	前頭 13	●佐田の海	境川 32
前頭 14	●徳勝龍	木瀬 32	前頭 14	●炎　鵬	宮城野 24
前頭 15	●照　強	伊勢濱 24	前頭 15	○琴恵光	佐渡嶽 27
前頭 16	○大翔鵬	追手風 24	前頭 16	●石　浦	宮城野 29
前頭 17	●千代翔馬	九重 27			

2019年5月場所番付（貴景勝大関昇進時）

＊◎＝優勝、○＝勝ち越し、●＝負け越し、数字は年齢

夏場所、白鵬は休場し、貴景勝はケガで途中休場するが再出場、だが負けて再度休場した。関脇に落ちた栃ノ心は十勝をあげて大関に復帰。十四日目、鶴竜が栃ノ心に敗れて四敗となったため、二敗だった前頭八枚目の**朝乃山**の優勝が決まったが、朝乃山は千秋楽、御嶽海に敗れて三敗での優勝になった。この日は米国のトランプ大統領が来日中で、夫人、安倍総理夫妻とともに相撲を観戦。表彰式では土俵に上がって米国からの優勝杯を渡したが、この時トランプ一行が観戦したのは天皇らが使う貴賓席ではなく、升席に特別な席

場所	内最高優勝	三賞
1月場所	玉鷲一朗（13勝2敗①）	(殊)玉鷲、御嶽海、(敢)玉鷲、(技)貴景勝
3月場所	白鵬翔（15戦全勝㊷）	(殊)逸ノ城、(敢)碧山、(技)貴景勝
5月場所	朝乃山英樹（12勝3敗①）	(殊)朝乃山、(敢)阿炎、朝乃山、志摩ノ海、(技)竜電
7月場所	鶴竜力三郎（14勝1敗⑥）	(殊)友風、(敢)照強、(技)遠藤、炎鵬
9月場所	御嶽海久司（12勝3敗②）	(殊)御嶽海、朝乃山、(敢)隠岐の海、剣翔
11月場所	白鵬翔（14勝1敗㊸）	(殊)大栄翔、(敢)正代、(技)朝乃山
年間最多勝＝朝乃山英樹（55勝35敗）		

2019年本場所
＊丸数字は優勝回数。(殊)＝殊勲賞、(敢)＝敢闘賞、(技)＝技能賞。

を設けたため、協会側では、もし座布団が乱舞したら大変だと懸念しており、鶴竜―豪栄道戦で鶴竜が負けると座布団が舞う危険性があったため、鶴竜が勝って胸をなでおろしたという。

場所後、尾上部屋の天鎧鵬《てんかいほう》が引退し、秀ノ山を襲名した。この場所、審判部長の阿武松（益荒雄）が、協議についての説明の際に何度か間違いを犯し、抗議の電話が殺到した。高血圧で体調が良くなかったようだ。三段目へ復帰した照ノ富士は六勝一敗、さらに上がる。六月には境川部屋の佐田の富士が引退し、中村親方を名のった。

名古屋場所は貴景勝が休場して大関陥落、栃ノ心は五敗して途中休場、豪栄道も途中休場、高安は八勝ののち休場と大関陣は惨憺たる中、**鶴竜**が十四勝して優勝した。照ノ富士は幕下で六勝一敗、さらに上がる。

八月から阿武松（益荒雄）は相撲協会退職の意向を漏らし、元・大道に阿武松部屋を譲り、九月に退職した。

九月三日、白鵬がモンゴル国籍を離脱して日本国籍を取得した。

引退後親方になる道が開けたわけである。

秋場所は高安が休場、栃ノ心が負け越して再度大関陥落、白鵬は初日北勝富士に敗れて休場、鶴竜も途中休場する中、関脇の御嶽海と貴景勝が十二勝で並び、貴景勝は大関復帰を決めたが、優勝決定戦は**御嶽海**が制した。場所の途中、元関脇の嘉風が引退し、中村親方を襲名した。やはり場所終盤、伊勢ヶ濱部屋の誉富士《ほまれふじ》が引退、楯山を襲名した。

九月十六日、井筒親方（元・逆鉾）が五十八歳で死去し、鶴竜をはじめとする井筒部屋の力士は、元大関霧島の陸奥部屋に移籍した。

九月末、貴ノ富士と改名していた元の貴公俊が、付け人に再度暴力を振るうという事件があり、協会側は引退を勧告した。貴ノ富士は記者会見を開いて処分が重すぎると訴えたが、通らず、引退することになった。

九州場所では、鶴竜が休場、豪栄道が初日敗れて休場、高安も途中休場という中、**白鵬**が十四勝で優勝した。しかし十二日目、遠藤との対戦で白鵬は右の肘打ちで遠藤の顔面を直撃し、解説の舞の海が「見ていて後味悪い」と厳しく批判した。高安は大関から陥落。幕下十枚目まで戻した照ノ富士は七戦全勝で優勝を決め、十両復帰の見通しとなった。

十二月十三日、東関親方（元・潮丸）が四十一歳で病死した。先代の高見山はまだ生きている。部屋は、高見盛が継ぐことになった。

†二〇二〇年――コロナ騒動の場所

二〇二〇年、初場所は、二横綱二大関だったが、白鵬、鶴竜ともに途中休場、豪栄道は五勝十敗と負け越して大関陥落となり、引退して武隈親方となった。モンゴルから来た荒鷲も引退した。前頭十七枚目と幕尻の、木瀬部屋の三十三歳の**徳勝龍**が一敗しただけで連勝しており、貴景勝が十三日目まで二敗でついていたが、その後二連敗し、徳勝龍のまさかの優勝となった。

奈良県出身力士の優勝は九十八年ぶりだというのだが、九十八年前の優勝者は鶴ヶ濱《つるがはま》増太郎（一八九三―一九三九）で、中立部屋から荒磯部屋の所属で、しこ名は大鶴、若ノ川などをへて、大正十年入幕し、三場所目の大正十一（一九二二）年一月場所、東前頭四枚目で源氏山（のちの横綱三代西ノ海）・千葉ヶ嵜《ちばがさき》の両大関を破り、九勝一敗で平幕優勝し、出羽海部屋力士による連覇を十で止めたという。

徳勝龍は恵比寿さまのような顔に布袋腹というういかにも「お相撲さん」然とした力士で、インタビューでの受け答えもうまく、観客は久しぶりにほっとした気分で優勝を祝えたと思う。十両十三枚目の照ノ富士は十三勝二敗で優勝した。

一月末の理事選は、久しぶりに無投票で、伊勢ヶ濱が理事に復帰した。

理事長・八角、理事・春日野、出羽海、境川、尾車、芝田山、花籠（新、太寿山）、鏡山、伊勢ヶ濱、高島、副理事・藤島、高田川（新、安芸乃島）、若松（新、朝乃若）

しかし春場所は、新型コロナウイルスによる感染防止のため、無観客での開催となった。エディオンアリーナ大阪がしんと静まり返る中、協会関係者とNHKだけが入って行われる相撲はひたすら不気味だった。関係者に一人でもコロナ感染者が出たら中止ということで、途中、幕内の千代丸が三十七度を超える熱が出て、検査をしたら帯状疱疹だったため続行された。一人大関の貴景勝は千秋楽に負け越し、白鵬と鶴竜が二敗の相星決戦で**白鵬**が勝ち四十四回目の優勝を決めた。関脇で十一勝をあげた朝乃山は場所後の大関昇進を決めたが（三場所で三十二勝）、貴景勝が陥落でもしたらまた一人大関になってしまう。

正代

表彰式も異様で、土俵の周囲に協会幹部と幕内力士が集まり、八角理事長が「協会ご挨拶」をここで行い、「君が代」斉唱になるが、軍楽隊の音楽と録音らしい歌声は聞こえたが、力士や親方は歌っていなかった。観客が入るようになると、コロナ対策のため心の中で斉唱するようアナウンスが入るようになった。優勝杯、優勝旗が手

東			西		
横綱	○白　鵬	宮城野 35	横綱	●鶴　竜	陸奥 34
大関	○貴景勝	千賀浦 23	大関	○朝乃山	高砂 26
関脇	○正　代	時津風 28	関脇	○御嶽海	出羽海 27
小結	○大栄翔	追手風 26	小結	○隠岐の海	八角 35
前頭 1	○遠　藤	追手風 29	前頭 1	●豊　山	時津風 26
前頭 2	○隆の勝	千賀浦 25	前頭 2	●阿武咲	阿武松 24
前頭 3	●宝富士	伊勢濱 33	前頭 3	●霧馬山	陸奥 25
前頭 4	●輝	高田川 26	前頭 4	●碧　山	春日野 34
前頭 5	●阿　炎	錣山 26	前頭 5	○北勝富士	八角 28
前頭 6	●炎　鵬	宮城野 25	前頭 6	●竜　電	高田川 29
前頭 7	○照　強	伊勢濱 25	前頭 7	●徳勝龍	木瀬 33
前頭 8	●石　浦	宮城野 30	前頭 8	●千代大龍	九重 31
前頭 9	○玉　鷲	片男波 35	前頭 9	●勢	伊勢海 33
前頭 10	●魁　聖	友綱 33	前頭 10	○妙義龍	境川 33
前頭 11	●志摩ノ海	木瀬 31	前頭 11	○栃ノ心	春日野 32
前頭 12	○佐田の海	境川 33	前頭 12	●松鳳山	二所関 36
前頭 13	○高　安	田子浦 30	前頭 13	●琴ノ若	佐渡嶽 22
前頭 14	○琴奨菊	佐渡嶽 36	前頭 14	○若隆景	荒汐 25
前頭 15	○琴勝峰	佐渡嶽 20	前頭 15	●千代丸	九重 29
前頭 16	●錦　木	伊勢海 29	前頭 16	○琴恵光	佐渡嶽 28
前頭 17	◎照ノ富士	伊勢濱 28	前頭 17	●琴勇輝	佐渡嶽 29

2020年7月場所番付（朝乃山大関昇進時）
＊◎＝優勝、○＝勝ち越し、●＝負け越し、数字は年齢

渡されたあと、八角が代読して内閣総理大臣杯が渡されて終わり。あとは新序出世力士の披露と、行司を胴上げする神送りの儀式が、あるいは初めてＮＨＫで放送された。

場所後、荒汐部屋の蒼国来が引退し、定年となる荒汐（大豊）に代わって部屋を継いだ。しかし引き続くコロナ騒動のため緊急事態宣言が出され、人々は自宅に籠り、夏場所の開催も危ぶまれる中、四月に元関脇の豊ノ島が引退を発表、井筒を襲名した。

五月場所は中止になったが、その間に高田川部屋で、親方（元・安芸乃島）と複数の力士が感染して入院

東			西		
横綱	●白　鵬	宮城野 [35]	横綱	●鶴　竜	陸奥 [35]
大関	◎貴景勝	千賀浦 [24]	大関	●朝乃山	高砂 [26]
大関	●正　代	時津風 [29]			
関脇	●御嶽海	出羽海 [27]	関脇	○隆の勝	千賀浦 [26]
小結	○照ノ富士	伊勢濱 [29]	小結	○高　安	田子浦 [30]
前頭 1	●霧馬山	陸奥 [25]	前頭 1	●若隆景	荒汐 [25]
前頭 2	●阿武咲	阿武松 [24]	前頭 2	○大栄翔	追手風 [27]
前頭 3	●輝	高田川 [26]	前頭 3	●隠岐の海	八角 [35]
前頭 4	○北勝富士	八角 [28]	前頭 4	●翔　猿	追手風 [28]
前頭 5	●妙義龍	境川 [34]	前頭 5	○琴勝峰	佐渡嶽 [21]
前頭 6	○宝富士	伊勢濱 [33]	前頭 6	○玉　鷲	片男波 [36]
前頭 7	○栃ノ心	春日野 [33]	前頭 7	○遠　藤	追手風 [30]
前頭 8	●碧　山	春日野 [34]	前頭 8	●照　強	伊勢濱 [25]
前頭 9	○徳勝龍	木瀬 [34]	前頭 9	●琴恵光	佐渡嶽 [29]
前頭 10	○竜　電	高田川 [30]	前頭 10	○明　生	立浪 [25]
前頭 11	●佐田の海	境川 [33]	前頭 11	●炎　鵬	宮城野 [26]
前頭 12	●豊　山	時津風 [27]	前頭 12	●魁　聖	友綱 [33]
前頭 13	●豊昇龍	立浪 [21]	前頭 13	○逸ノ城	湊 [27]
前頭 14	○千代の国	九重 [30]	前頭 14	●琴ノ若	佐渡嶽 [23]
前頭 15	○千代大龍	九重 [32]	前頭 15	●琴勇輝	佐渡嶽 [29]
前頭 16	○千代翔馬	九重 [29]	前頭 16	○天空海	立浪 [30]
前頭 17	○志摩ノ海	木瀬 [31]			

2020年11月場所番付（正代大関昇進時）

＊◎＝優勝、○＝勝ち越し、●＝負け越し、[数字]は年齢

し、三段目の勝武士《しょうぶし》が二十八歳で死去した。

七月場所は名古屋ではなく国技館で、一週くりさげて当初無観客で開催の予定だったが、少ない数の観客を入れて開催された。場所前に青狼《せいろう》、栃煌山が引退し、栃煌山は清見潟親方となった。

七月場所は、序二段まで落ちていた**照ノ富士**が幕尻十七枚目に戻ってきており、白鵬、鶴竜、貴景勝が途中休場する中、朝乃山らを退けて優勝を決めた。場所中、錣山部屋の阿炎《あび》がキャバクラへ行ったことで途中休場させられ、場所後引退届を出したが預かりとなり、

場所	幕内最高優勝	三賞
1月場所	徳勝龍誠（14勝1敗①）	㊦遠藤、徳勝龍、㊒正代、霧馬山、徳勝龍、㊘北勝富士
3月場所	白鵬翔（13勝2敗㊹）	㊦阿武咲、㊒隆の勝、㊘碧山
5月場所	中止	中止
7月場所	照ノ富士春雄（13勝2敗②）	㊦御嶽海、大栄翔、照ノ富士、㊒正代、㊘照ノ富士
9月場所	正代直也（13勝2敗①）	㊦正代、㊒正代、翔猿
11月場所	貴景勝光信（13勝2敗②）	㊒千代の国、志摩ノ海、㊘照ノ富士
年間最多勝＝貴景勝光信（51勝21敗3休）		

2020年本場所

＊丸数字は優勝回数。㊦＝殊勲賞、㊒＝敢闘賞、㊘＝技能賞。

三場所出場停止などの処分を受けた。また七月、中川部屋で親方（旭里）の弟子への暴行などが問題になり、中川部屋は閉鎖されて、中川は時津風部屋つきになった。

　九月場所は通常の日程で、観客数を制限して開催されたが、白鵬、鶴竜の両横綱が全休の上、休場力士が多く、盛り上がりに欠けた。新入幕の翔猿《とびざる》の活躍が目だち、あわや優勝かと思われたが、関脇の**正代**《しょうだい》が初優勝し、場所後、大関に昇進した（三場所で三十二勝）。

　十一月場所も東京で、観客数を制限して行われたが、場所中に東京都のコロナ感染者数はかつてない五百超えにいたっていた。白鵬、鶴竜は全休の上、朝乃山と正代が途中休場し、上位では貴景勝一人で、小結の照ノ富士と優勝を争ったが、**貴景勝**が大関として初めて優勝した。大関の優勝は二十二場所ぶりだった。場所中に、元大関の琴奨菊、ジョージアからきた臥牙丸《ががまる》が引退し、琴奨菊は秀ノ山親方となった。六十五歳の定年を控えた高砂親方は、部屋を錦島（元・朝赤龍）に譲り、自身が錦島となって再雇用で協会に残ると発表した。場所後、横綱審議委員会は、休場が続く両横綱に対して「注意」という厳しい処分を行った。

貴乃花は、一般社団法人「貴乃花道場」を設立し（理事長・松浦晃一郎）、相撲の精神を通しての教育を行っている。二〇一九年、瀬戸内寂聴との対談で、宮沢りえが結婚して幸せにやっていると伝えられ、「勝手にホッとします」と述べた。

†二〇二一年——戦国時代へ

二〇二〇年の大みそかに、東京都のコロナ感染者数が二千人を超え、年が明けてから一都三県で緊急事態宣言が出され、数日後に拡大された。二百人感染の時に休んだ相撲だが、初場所は強行された。九重部屋など四つの部屋に感染者が出て、その部屋の力士はみな全休となり、佐渡ヶ嶽部屋の序二段・琴貫鉄が、「コロナが怖いので休場したい」と申し出たが入れられず引退し、相撲協会が非難を浴びた。

場所では貴景勝が大負けして途中休場、正代と朝乃山はとり切ったが、優勝は追手風部屋の前頭筆頭・**大栄翔**になった。埼玉県出身者では初の優勝で、埼玉県人の私には感慨深いものがある。すでに白鵬・鶴竜は優勝から遠ざかり、もはや白鵬時代ではなく、戦国時代になっているようだ。

あとがき

まず本文中に挿入した力士の似顔絵は私が描いたものだが、八〇年代、若いころに描いたものと、今回改めて描いたものとがあり、前のもののほうが概して出来がいい。最近はどうも個性的な顔の力士が減っているという気がしている。

さて、通読すると、今世紀に入ってから相撲界は数々の騒動に襲われていることが分かる。そのことは相撲が好きだった私にとって、時にもう相撲を観るのをやめようかと思うようなものだった。

相撲協会は外部から理事を入れたりしているが、それがうまく機能しているとはあまり思えない。新聞社や放送局のトップなどを入れても、彼らが相撲好きとは限らないからであろうか。かねて私は、力士が引退すると、即座に年寄にならないと協会に残れない仕組みは良くないと思ってきた。野球のように、いったん外へ出て解説者などをして、それから親方になって戻るのではなぜいけないのか。

また、八角理事長は、貴乃花を締め出す結果となった、一門制度の強化を行ったが、本来一門とか部屋というのは前近代的な制度であり、一門にいたっては正式な制度ではない。力士は相撲協会の職員として雇用されているが、それが部屋に預けられているという建前である。だが、双羽黒のように、いったん親方と喧嘩して部屋を飛び出したら廃業しなければならないというのは、雇用形態として近代化されていないことを示している。部屋はともかく、一門制度は解体されるに任せるべきであろう。

今世紀特に問題になったのは外国人力士の増加だが、私は本文中で書いたとおり、たとえば幕内力士の全員とか八割方とかが外国出身力士になってもいいとは思わない。そういう「スモー」をやりたいなら、大相撲とは別の形態でやるべきで、外国人を制限するのは当然の措置だと思う。

ところで私は「コロナ禍」という語が流行語めいているので使いたくない。コロナ騒動などと言い換えているが、あまりうまくいかず、ちょっと変なところもあったかと思う。私は昨年二月以降、電車も乗っていないので、割とひょいひょい外出したり外食したりする人に、なんでかなあという気持ちを持ってはいるが、面倒だからあまり言わずにいる。

二〇二一年一月

小谷野 敦

参考文献

『大相撲八十年史』日本相撲協会編、日本相撲協会、2005 年
『別冊グラフ NHK　大相撲特集号』日本放送出版協会
『相撲』ベースボール・マガジン社
『大相撲名門列伝シリーズ』全五巻、ベースボール・マガジン社、2017〜2018 年
『別冊相撲 1981 年早春号 貴ノ花 さらば！　炎の大関』ベースボール・マガジン社、1981 年

石井代蔵『土俵の修羅』時事通信社、1978 年／新潮文庫、1985 年
石井代蔵『大関にかなう』九芸出版、1978 年／文春文庫、1988 年
石井代蔵『千代の富士一代』文春文庫、1991 年
石井代蔵『大相撲親方列伝』文春文庫、1993 年
石垣篤志『貴乃花 我が相撲道』文藝春秋、2019 年
板井圭介『中盆 —— 私が見続けた国技・大相撲の〝深奥〟』小学館、2000 年
元大鳴戸親方『八百長 —— 相撲協会一刀両断』鹿砦社、1996 年
北出清五郎『大相撲との日々 相撲アナ一代』日刊スポーツ出版社、1980 年
児島襄「「外人横綱」は要らない —— いま国技の「品格」を守るのか、棄てるのか？」『文藝春秋』1992 年 4 月
琴風豪規『青春の意地 —— 土俵にかける執念』潮出版社、1980 年
小林照幸『床山と横綱 —— 支度部屋での大相撲五十年』新潮社、1996 年／『大相撲支度部屋 —— 床山の見た横綱たち』新潮文庫、2000 年
佐々木一郎『稽古場物語』ベースボール・マガジン社、2020 年
週刊ポスト編集部・編『新版「週刊ポスト」は大相撲八百長をこう報じてきた』小学館 101 新書、2011 年
武田葉月『横綱』講談社、2013 年
武田頼政「二子山親方　血脈の呪縛」『週刊現代』2005 年 4 月 2 日号
田端良彦＆相撲愛好会『大相撲「八百長」の研究 —— その仕組みと歴史』日本文芸社、2011 年
千代の富士貢・向坂松彦『私はかく闘った　横綱千代の富士』日本放送出版協会、1991 年
第十五代時津風親方『悪者扱い —— 八百長はやった。でも弟子暴行死事件はでっち上げられた！』竹書房、2011 年

鳴戸俊英『親方はちゃんこ番』ポプラ社、2003 年
日馬富士公平『全身全霊　第 70 代横綱、18 年間のけじめ』ベースボール・マガジン社、2018 年
ヒャ小林『一ノ矢 土俵に賭けた人生』ダイヤモンド社、2008 年
舟橋聖一『相撲記』創元社、1943 年／ベースボール・マガジン社、1982 年／講談社文芸文庫、2007 年
ロバート・ホワイティング『ジェシーとサリー ―― ガイジン力士物語』松井みどり訳、筑摩書房、1986 年／ちくま文庫、1989 年
宮本徳蔵『力士漂泊』小沢書店、1985 年／ちくま学芸文庫、1994 年／講談社文芸文庫、2009 年
村松友視『北の富士流』文藝春秋、2016 年／文春文庫、2019 年
もりたなるお『貴ノ花散る』文春文庫、1990 年
もりたなるお『土俵に棲む鬼 相撲小説集』文春文庫、1992 年

『週刊ポスト』記事

1980 年

20 号「二子山理事が反論「八百長相撲はない」石原慎太郎氏が激怒「真相を究明せよ」 ―― 衝撃の懺悔録第 3 弾」p. 28〜32
21 号「(元横綱琴櫻) 佐渡ヶ嶽・(元大関前の山) 高田川親方よオレの役割を知らぬとは言わせん八百長相撲衝撃の第 4 弾」p. 48〜52
22 号「三塚博文部省政務次官が八百長相撲問題で四季の花を事情聴取衝撃の懺悔録 5」p. 20〜24
23 号「春日野理事長の「トボケた新聞記者会見」に反論する ―― 八百長問題スクープ・第 6 弾！」p. 30〜33
24 号「北の富士の横綱昇進にかかわった工作の洗いざらい ―― 八百長相撲問題・第 7 弾」p. 30〜33
25 号「(八百長相撲・第 8 弾)〝いや、相内さんに頼んだことはない〟(九重親方)」p. 40〜43
26 号「(八百長相撲問題) 第 2 の証言者・禊鳳 (元幕内力士) が八百長告発！　春日野理事長よ、まだファンを騙す気か」p. 28〜31
27 号「『ふたりで春日野理事長に対決する！』四季の花 VS 禊鳳の「八百長相撲告発対談」」p. 40〜43
28 号「春日野理事長の片腕・栃東 (現・玉ノ井親方審判委員) の平幕優勝・八百長も俺が工作した」p. 30〜33
29 号「あの大横綱・大鵬 (現協会理事) にも八百長工作 ―― 四季の花・衝撃の懺悔録・第 12 弾！」p. 28〜31
30 号「大鵬理事よ、協会幹部として角界浄化の具体策を示せ」p. 26〜29

31号「稲葉修氏（横綱審議委員会委員・元法相）〝まさか横綱に八百長はないと信じたい〟…」p. 36〜40
32号「『大新聞、NHKが八百長を報道できない理由をぶちまける』――元・相撲記者も内部告発！」p. 32〜35
35号「『オレは八百長を請け負って故時津風親方（大横綱双葉山）に叱られた』第三の告発者の証言」p. 30〜34
36号「相撲記者も「八百長」摘発！　「大相撲はいったいスポーツなのか芸能なのか」」p. 26〜29
37号「再び四季の花が直言！「大相撲九月場所に物申す」追及第20弾」p. 38〜41
38号「理事長部屋も〝八百長〟に毒されていた！――第四の証言者・元・十両・春日竜（春日野部屋）も告発！」p. 28〜31
39号「「朝汐までが毒される危険はないか」四季の花、禊鳳、八竜、春日竜…さらに琉王も警告！」p. 28〜31
40号「「大相撲報道」で噴出するNHK批判――投書殺到！　スクープ第23弾！　「NHKもタニマチか」といわれかねない」p. 36〜39
41号「再び琉王（元前頭筆頭）が警告！〝八百長の裏に山積する、角界の前近代的体質のあれやこれや〟」p. 32〜35
42号「NHKや新聞の「提灯報道」ではわからない「九月場所」の臭いものにフタ――相撲記者核心座談会1」p. 34〜37
43号「（相撲記者核心座談会2）新聞やNHKが追及できないからといって…「八百長が免罪になる」と思ったら大間違いだ」p. 34〜37
44号「「私が手がけた相撲協会改革案はこうして骨抜きにされた！」元・文部省体育課長・佐々木吉蔵氏が告発」p. 36〜40
45号「八百長相撲スクープ草川昭三代義士（公明党国民会議）が角界浄化問題を国会で追及」p. 42〜45
46号「角界浄化問題・国会追及の波紋――OB力士からも続々反響！」p. 212〜215
47号「三重ノ海の元付人までが「八百長問題」を憂えている　角界浄化スクープ！」p. 48〜51
48号「国会追及の草川昭三代議士が九州場所を直撃――角界浄化スクープ！」p. 40〜43
50号「（角界浄化・八百長問題核心座談会）――夏場所・名古屋場所・秋場所・九州場所を総括する――本誌連続・33週間キャンペーンの波紋」p. 32〜35
51号「「もし、相撲界に待遇改善の組合運動が起こったら…」角界浄化スクープ」p. 196〜199

1981 年
2 号「四季の花に続いて谷ノ海（元押尾川部屋）が告発！「八百長協同組合はもうよせ」」p. 40〜43
3 号「『八百長をたのんだ横綱、ことわった小結』初場所を直撃する谷ノ海（元押尾川部屋）告発！」p. 34〜37
4 号「初場所直撃角界浄化スクープ──谷ノ海告発「千代の富士より増位山たちの相撲を監視したい」」p. 28〜31
5 号「「横綱・輪島関も八百長問題を反省してほしい」──元・谷ノ海の衝撃告発」p. 28〜31
6 号「「千代の富士台頭」と「谷ノ海告発」の（明）と（暗）を読め！──初場所総括核心座談会」p. 32〜35
7 号「（角界浄化スクープ核心座談会）「横審は協会幹部や横綱をもっと叱りとばせ！」」p. 34〜37
8 号「八百長なしの「近代相撲」は必ずできる──四季の花 VS. 谷ノ海のズバリ対談」p. 36〜40
9 号「大新聞や NHK を沈黙させた、相撲協会 24 年間の「改革騙し」を洗う」p. 192〜195
10 号「「再び春日野理事長に問う」ファンの方が真剣に「八百長改革」を考えておりますゾ」p. 210〜213
11 号「「千代の富士」や「北の湖」になれなかった幕内力士たちの「八百長たらい回し」」p. 214〜217
13 号「「横綱・輪島は先場所で綱を返上すべきだった」緊急座談会」p. 40〜43
14 号「「春日野理事長こそ〝大相撲自壊〟の責任をとるべきだ」四季の花が「崩壊春場所」と「八百長」を解説する──TV の腰抜け解説者になりかわって…」p. 28〜33
17 号「「日本相撲協会のデタラメを」26 代代木村庄之助の告白」p. 190〜192
19 号「木村庄之助が衝撃の告白〝私も八百長工作を頼まれた〟」p. 204〜207
20 号「「大相撲夏場所直撃」NHK 全面支持の財団法人の体質を抉る「八百長所得を隠していれば、もちろん脱税だ」」p. 40〜43
21 号「「若乃花の横綱相撲を監視する」元・谷ノ海が再び衝撃の告発」p. 38〜41
22 号「愛角家たちがあきれかえった大相撲「春日野体制」の堕落」p. 40〜43

23号「「八百長黙認」の春日野体制は相撲史に大汚点を残した」p. 39〜41
29号「(衝撃の告白) 若乃花、千代の富士もご用心！幕内元愛人が語った「角界SEXスキャンダル」」p. 26〜29
30号「千代の富士に八百長は絶対ないか——(角界浄化) ファンの最大関心事！」p. 28〜31
31号「一層のこと千代の富士を〝にらめっこ横綱〟高見山を〝人気横綱〟にしたらどうだ」p. 48〜49
38号「横綱・若乃花は『八百長なし』で再起できるか！——千代の富士、高見山ら故障続出の秋場所を監視する」p. 28〜31
39号「元・立行司第26代木村庄之助が「相撲協会の〝無節操〟に物申す！」」p. 32〜35
40号「春日野理事長よ このままでは大相撲は自滅する——秋場所総括警告座談会」p. 44〜47
43号「花籠部屋騒動は輪島の「親方放棄」「離婚」に発展するか」p. 42〜44
45号「若乃花が「親方株」「離婚」問題で開き直る」p. 40〜43
46号「第二の若乃花が続出！「今の力士はブロイラーではないか」溜会会長らが「九州〝包帯〟場所」に警告」p. 52〜56

1988年
5号「独走スクープ！　元・付人が八百長相撲全告白「双羽黒九州場所奇跡の復活太寿山(初日)、玉龍(2日目)、陣岳(3日目)はそれぞれ70万だった」」p. 38〜41
6号「「国技」とは名ばかりの双羽黒の〝黒い取組〟を追撃《八百長相撲追及！》」p. 34〜37
37号「玉の海梅吉が「八百長相撲蔓延」に怒る！」p. 34〜37

1996年
4号「「まずは協会幹部のマリファナと八百長」渾身スクープ・第1弾——ついに元大鳴戸親方沈黙を破って爆弾手記」p. 36〜39

1998年
21号「時津風理事長が画策！　「若貴兄弟横綱」と「曙追放」疑惑の「取り組み・シナリオ」」p. 233〜235
22号「「若乃花・綱取り場所」に大異変——「貴の肝臓」「八百長地図激変」」p. 50〜52
23号「「サーカス相撲の若乃花・横綱昇進に異議あり」——横綱審議委員

児島襄氏が敢えて直言！」p. 41〜43
28号「「兄弟対決無し」では――「若貴横綱時代」で相撲は凋落だ！」p. 45〜46
31号「元祖八百長横綱北の富士に「若貴批判」の真意を糺す！「NHK」「朝日新聞」で暴言解説」p. 39〜41
36号「独走！角界〝性の乱脈〞浄化スクープ名門部屋元力士が内情暴露――「ボクの相撲人生を狂わせた銀座出身おかみさんの深夜指名はセックス」」p. 44〜47
40号「これが九月場所を揺るがす問題の証拠写真――八百長と横綱・曙に創価学会が急接近！」p. 216〜218
41号「母親を「クソババァ」呼ばわり！　角界名門・花田家にいま何が起きているのか?「景子夫人もついに家を捨てた！」〝洗脳〞貴乃花に重大証言」p. 45〜47
43号「貴乃花〝洗脳〞で二子山部屋に送りつけられた「謎の脅迫状」独占公開――毛筆で書かれた書状には兄弟絶縁を予感させる「若乃花批判」がびっしりと書かれていた」p. 34〜37
44号「若乃花激怒！景子夫人「無礼事件」と花田家の絆――貴乃花祝勝会でさらなる亀裂が…」p. 233〜235
45号「貴乃花に降って湧いた「穏しマンション2000万円払え」事件」p. 50〜52
47号「貴派と若派の土俵外〝乱闘〞で「名門二子山部屋危うし！」「兄弟絶縁」か「嫁姑絶縁」に発展!?」p. 51〜53

大相撲部屋系統（□は現存の部屋、×は閉領を示す）

出羽海一門

- [出羽海]（…常ノ花—出羽ノ花—佐田の山—鷲羽山—小城乃花）
  - [春日野]（栃木山—栃錦—栃ノ海—栃乃和歌）
    - [入間川]（栃司）
    - 千賀ノ浦（舛田山—隆三杉）→貴乃花グループ→二所ノ関一門へ→[常盤山]
  - 三保ヶ関（1増位山—2増位山×）
    - 北の湖（北の湖）—[山響]（巌雄）
    - 二十山（北天佑×）
    - [尾上]（濱ノ嶋）
  - 武蔵川（三重ノ海）
    - [藤島]（武双山）
    - [武蔵川]（武蔵丸）
    - [二子山]（雅山）
  - [境川]（両国）
  - 田子ノ浦（久島海×）
  - [九重]（→高砂一門へ）（千代の山—北の富士—千代の富士—千代大海）

二所ノ関一門

- [二所ノ関]（佐賀の花—金剛×—若嶋津）
  - 花籠（大ノ海—輪島×—太寿山）→峰崎へ
    - 二子山（1若乃花—1貴ノ花—貴乃花×）
      - 荒磯（二子岳×）
      - 間垣（2若乃花×）
      - 鳴戸（隆の里—隆の鶴）
        - [田子ノ浦]（隆の鶴）
        - [西岩]（若の里）
    - [峰崎]（三杉磯）
    - 放駒（魁傑×）
      - [芝田山]（大乃国）
  - [佐渡ヶ嶽]（琴錦—琴櫻—琴の若）
    - [尾車]（琴風）
    - [鳴戸]（琴欧洲）
  - 押尾川（大麒麟×）
    - [阿武松]（益荒雄—大道）
  - [片男波]（玉の海—玉ノ富士—玉春日）
  - 大鵬→[大嶽]（貴闘力—大竜）

時津風一門

- 時津風（双葉山一豊山一双津竜一時津海）
  - 伊勢ノ海（柏戸一藤ノ川一北勝関）
    - 鏡山（横綱柏戸一多賀竜）
  - 立田川（鏡里一青ノ里×）
  - 湊（豊山一湊富士）→二所ノ関一門へ
  - 君ヶ濱→井筒（鶴ヶ嶺一逆鉾×）
    - 錣山（寺尾）→二所ノ関一門へ
  - 陸奥（星甲一星岩濤一霧島）
  - 式秀（大潮一北桜）→出羽海一門へ
  - 荒汐（大豊）

立浪一門

- 立浪（羽黒山一羽黒山（安念山）一旭豊）→貴乃花グループ→出羽海一門へ
  - 春日山（名寄岩一大昇一春日富士一濵錦）→中川へ
  - 大島（旭國×）
  - 追手風（大翔山）
    - 中川（旭里）→時津風一門へ×

伊勢ヶ濱一門

- 伊勢ヶ濱（照国一清瀬海一清国一和晃×一旭富士）
  - 高嶋（八甲山一巴潟）→友綱（一錦一魁輝一旭天鵬）
    - 熊ヶ谷（三根山一芳野嶺×）
    - 浅香山（魁皇）
  - 桐山（黒瀬川×）
- 朝日山（…二瀬山一若二瀬一大受一琴錦）
  - 大鳴戸（二瀬山一高鐵山×）

宮城野（吉葉山一広川一竹葉山一金親一竹葉山）

高砂一門

- 高砂（朝潮一富士錦一大関朝潮一朝赤龍）
  - 二十山（横綱小錦一2小錦×）
    - 追手風（清水川×）
  - 大山（高登一松登一大飛×）
  - 高田川（前の山一安芸乃島）→二所ノ関一門へ
  - 東関（高見山一潮丸一高見盛）
  - 中村（富士櫻×）
  - 錦戸（水戸泉）

年寄名跡（1979年以降。○は部屋持ち）

○出羽海（佐田の山の鷲羽山―2小城乃花）
境川（鷲羽山―佐田の山―両国）
高崎（小城ノ花―2小城乃花―鷲羽山―金開山）
出来山（汐ノ海―黒姫山―出羽の花）
○武蔵川（三重ノ海―武蔵丸）
山科（大平山―三重ノ海―吉の谷―大錦―佐田の富士）
○春日野（栃錦―栃ノ海―栃乃和歌）
中立（栃ノ海―佐田の海―闘竜―両国―佐田の山―小城錦）
入間川（大江戸―吉の谷―○栃司）
千賀ノ浦（黒瀬川―若獅子―吉の谷―○舛田山―○隆三杉―舛田山）
常盤山（若秩父―隆三杉―舛田山―○隆三杉）
桐山（開隆山―福ノ海―青葉山―○黒瀬川）
三保ヶ関（○1増位山―○2増位山―金開山―栃栄）
小野川（2増位山―播竜山―若獅子―蜂矢―巌雄―敷島―潮丸―燁司―北桜―武州山―大道―北太樹）
待乳山（増巳山―播竜山）
山響（大鷲―黒姫山―大飛―大剛―朝潮―前乃臻―鬼雷砲―豊ノ海―大竜―巌雄）
大山（○松登―○大飛）
振分（朝嵐―武蔵丸―高見盛―寶千山）
若藤（和晃―清國―和晃―朝乃翔―燁司―皇司）
武隈（北の洋―黒姫山―蔵玉錦―豪栄道）
錦島（黒姫山―双津竜―大関豊山―敷島―蔵玉錦―朝赤龍―朝潮）
二所ノ関（○金剛―玉力道―○若嶋津）
花籠（○大ノ海―○輪島―花乃湖―若獅子―○太寿山）
二子山（○1若乃花―○1貴ノ花―大竜―光法―雅山）
松ヶ根（羽嶋山―○若嶋津―玉力道）
押尾川（○大麒麟―朝乃翔―若兎馬―闘牙―垣添―豪風）
鳴戸（大岩山―貴ノ花―大剛―若獅子―○隆の里―○隆の鶴―○琴欧洲）
藤島（出羽湊―○貴ノ花―1若乃花―若獅子―隆三杉―3若乃花―安芸乃島―○武双山）
峰崎（那智ノ山―若獅子―○三杉磯）
粂川（双ツ龍―琴富士―琴稲妻）
濱風（宮柱―三杉里―五城楼）

湊川（十勝岩—玉ノ富士—若獅子—大徹）
不知火（大剛—青葉城—若荒雄）
間垣（荒勢—○２若乃花—時天空—土佐豊）
○佐渡ヶ嶽（琴櫻—琴ノ若）
秀ノ山（長谷川—琴錦—天鎧鵬—琴奨菊）
尾車（琴ヶ濱—琴乃富士—○琴風）
○片男波（玉乃海—玉ノ富士—玉春日）
北陣（福ノ海—玉輝山—黒姫山—大剛—麒麟児—翔天狼）
○時津風（大関豊山—双津竜—時津海）
湊（大達—○小結豊山—○湊富士）
錣山（若葉山—大潮—蔵間－益荒雄—薩洲洋—恵那櫻—霧島—琴ヶ梅—○寺尾）
君ヶ濱（北瀬海—寶千山）
井筒（○鶴ヶ嶺—○逆鉾—豊ノ島）
○陸奥（星甲—星岩濤—霧島）
○伊勢ノ海（柏戸—藤ノ川—北勝関）
○鏡山（横綱柏戸—多賀竜）
勝ノ浦（鬼竜川—多賀竜—霧島—北勝関—藤ノ川—起利錦）
○伊勢ヶ濱（清國—和晃—旭富士）
○友綱（一錦—魁輝—旭天鵬）
大島（○旭國—武蔵丸—旭天鵬—魁輝）
○宮城野（廣川—竹葉山—金親—竹葉山）
○立浪（羽黒山—旭豊）
○高砂（横綱朝潮—富士錦—大関朝潮—朝赤龍）
○九重（北の富士—千代の富士—千代大海）
陣幕（嶋錦—千代の富士—北の富士—富士乃真）
八角（緑國—福ノ海—嶋錦—○北勝海）
清見潟（大竜川—栃栄—武州山—栃煌山）
東関（朝登—○高見山—○潮丸—○高見盛）
中村（大鷲—神幸—○富士櫻—琴錦—佐田の富士—嘉風）
朝日山（○若二瀬—○大受—琴錦）
○高田川（前の山—安芸乃島）
高島（○三根山—神幸—魁輝—○高望山）
春日山（○大昇—陣岳—逆鉾—薩洲洋—○春日富士—○濱錦—翔天狼—武州山）
雷（羽黒岩—起利錦—春日富士—垣添）
大嶽（若ノ海—巨砲—大竜—○貴闘力—大竜）

熊ヶ谷（芳野嶺—薩洲洋—旭里—竹葉山—金親—玉飛鳥）
楯山（大受—巨砲—玉春日—玉ノ富士—誉富士）
大鳴戸（○高鐵山—吉の谷—琴ヶ梅—武雄山—出島）
関ノ戸（福の花—朝乃翔—金開山—燁司—武雄山—岩木山）
山分（栃富士—琴椿—和歌乃山—武雄山）
稲川（義ノ花—金開山—普天王）
玉垣（若浪—智乃花）
追手風（追風山—○大翔山）
中川（清恵波—竹葉山—福ノ海—大翔山—追風山—蔵玉錦—○旭里）
安治川（○陸奥嵐—○旭富士—光法—敷島—土佐豊—安美錦）
式守秀五郎（潮錦—○大潮—北桜）
木村瀬平（清ノ森—○肥後ノ海）
千田川（若鳴門－安芸乃島—前の山—燁司—金開山—闘牙）
立田川（○鏡里—青ノ里—敷島—湊富士—豊山—光法—豊真将）
立田山（大内山—天ノ山—薩洲洋）
竹縄（鳴門海—若獅子—吉の谷—恵那櫻—栃乃和歌—栃ノ海—琴錦—春ノ山—栃栄—春日錦—燁司—栃乃洋）
田子ノ浦（出羽錦—佐田の海—久島海—金開山—○隆の鶴）
岩友（栃勇—金開山—木村山）
浦風（照櫻—敷島）
尾上（富士錦—飛騨乃花—大乃花—○濱ノ嶋）
佐ノ山（國登—大乃花—若獅子—鬼雷砲—小錦—大竜—朝乃翔—蔵玉錦—闘牙—千代大海—土佐豊—里山）
富士ヶ根（時葉山—蔵玉錦—敷島—大善）
西岩（大文字—若ノ城—隆の鶴—玉乃島—光法—若の里）
音羽山（若ノ海—大若松—若翔洋—隆三杉—貴ノ浪—光法—大道—益荒雄—天鎧鵬）
枝川（北葉山—蔵玉錦—蒼樹山）
○玉ノ井（1 栃東—2 栃東）
白玉（二子岳—琴ヶ嶽—琴椿—蔵玉錦—琴椿）
谷川（白田山—敷島—海鵬—北勝力）
荒汐（豊ノ花—若獅子—○大豊—蒼国来）
甲山（大雄—大碇）
立川（藤ノ川—蔵玉錦—起利錦—土佐ノ海）
若松（鯱ノ里房錦—朝潮—富士錦—琴錦—朝乃翔—朝乃若）

ちくま新書
1557

大相撲《おおずもう》40年史《ねんし》
――私《わたし》のテレビ桟敷《さじき》

二〇二一年三月一〇日　第一刷発行

著者　小谷野 敦（こやの・あつし）
発行者　喜入冬子
発行所　株式会社 筑摩書房
東京都台東区蔵前二-五-三　郵便番号一一一-八七五五
電話番号〇三-五六八七-二六〇一（代表）
装幀者　間村俊一
印刷・製本　株式会社 精興社

ISBN978-4-480-07379-2 C0275

ちくま新書

1170
宗教に関心がなければいけないのか
小谷野敦
宗教に関心を持ちきれなかった著者による知的宗教遍歴から、道徳、死の恐怖との向き合い方まで、「宗教にぴんと来ない人」のための宗教入門ではない宗教本!

1007
歌舞伎のぐるりノート
中野翠
素敵にグロテスク。しつこく、あくどく、面白い。歌舞伎は〝劇的なるもの〟が凝縮された世界。その「劇的なるもの」を求めて、歌舞伎とその周辺をめぐるコラム集。

1533
新作らくごの舞台裏
小佐田定雄
260席を超える新作を作り、消えてしまった古い噺をあまた改作・復活させてきた落語作家が、自作にまつわるエピソードとともに稀有な職業の秘密をあかす。

1123
米朝らくごの舞台裏
小佐田定雄
上方落語の人間国宝・桂米朝の、演題別決定版ガイド。舞台裏での芸談やエピソード、歴史を彩る芸人たちの秘話を、書籍音源映像ガイドとともに書き記す。

1030
枝雀らくごの舞台裏
小佐田定雄
爆発的な面白さで人気を博した桂枝雀の、座付作者による決定版ガイド。演出の変遷、ネタにまつわるエピソード、芸談、秘話を、音源映像ガイドとともに書き記す。

996
芸人の肖像
小沢昭一
小沢昭一が訪ねあるき、撮影した、昭和の芸人たちの姿。実演者である著者が、芸をもって生きるしかない「クロウト」たちに寄り添い、見つめる視線。写真164枚。

1444
阪神タイガース　1985-2003
中川右介
1985年の日本一から2003年のリーグ優勝まで、二度の暗黒時代を阪神タイガースはいかに乗り越えてきたか。栄光と挫折の歴史を、事実に基づき再構成する。